U0016268

請用100字表達香蕉的魅力

バナナの魅力を
100文字で伝えてください

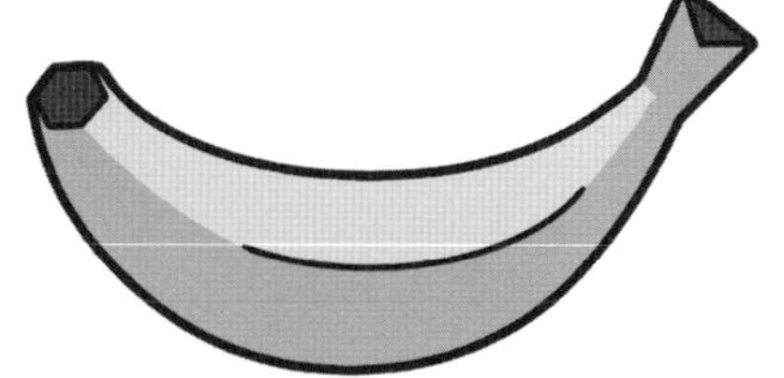

一學就會，精采有趣的表達

柿內尚文 著
高詹燦 譯

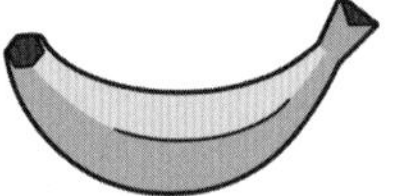

請寫下你想說的話，將這本書送給你在乎的人。

猜猜看

有一家生意特別好的蔬果店。
聽說這家店會將一般店家不太向人透露的「某件事」告訴客人。
這「某件事」到底是什麼呢？

答案

他們會老實告訴客人
「今天不太推薦的蔬果」。

沒想到有這樣的蔬果店，對吧？很替客人著想的店家。

剛聽到這件事情時，我大為吃驚。要是老實說出不推薦的蔬果，不就賣不出去了嗎？

不過，就算是那樣也無妨。

這家蔬果店的客人幾乎都是常客，平日便常來光顧。客人要是買到難吃的蔬果，店家風評會下滑，也許下次就改到附近的超市購買了。所以店家才會盡可能如實以告。

我得知這件事後心想，這家蔬果店老闆的表達方式可真是一流。

因為「表達的方法」就濃縮在這個故事中。

我想，這家蔬果店的老闆單純只是為客人著想，才告訴他們不推薦的品項，不過，他其實運用了「表達的技術」。

一是**「藉由傳達弱點來突顯優點」**，告訴別人不推薦的東西，相反的，推薦的東西價值便會隨之提高。

這就是**「比較」**，為表達技術之一。

「比較」常會用在書名上。

像《富爸爸．窮爸爸》《聰明人和笨蛋的說話方式》，這些歷代的暢銷書，書名也都用到了比較。藉由比較，可以簡單易懂地傳達出價值。而就結果來看，蔬果店老闆也用了同樣的方法。

第二個表達技術是**「信賴感」**。

老實告知什麼東西不好，藉此提高店家給人的信賴感。**老實說真話↓產生信賴感↓給人信賴感的人說的話會順利進入腦中**，就此形成這樣的走向。

只要在表達方式上花點工夫，就會有很大的變化。

因此，最重要的就是學會表達的技術。

雖說是技術，但其實不難，只需學習一點小竅門。只要做到這些，表達方式就會有很大的改變，同時人也會變得更有自信。

表達的技術應用在許多方面。

舉例來說，吉野家知名的廣告文案「好吃、便宜、快速」，就使用了我思考的表達技術之一——「事實與心理」。

以前的暢銷書《後段班辣妹應屆考上慶應大學的故事》，書名則用到了「繫包袱和抖包袱」（75頁會提到）。

這樣的表達技術，不論是在日常生活，還是在工作中都能活用。

那麼，我再問一個跟「表達」有關的問題。

猜猜看

這是在餐廳裡端給客人喝的水。
聽說有個方法，可以在不改變內容物的情況下，讓它變成「好喝的水」。
請問是怎樣的方法呢？

答案

在端給客人時，灌輸「這是很好喝的水，
請好好享用」的想法，
向客人傳送這樣的訊息。

這是以前我從接待客人的專家那裡聽來的。這裡所說的「訊息」，指的是動作和心意。只要這麼做，對待客人的表達方式就會完全改變。每個動作都要做區隔，端正地站在餐桌前，行禮，拿起玻璃杯，迅速地放在客人面前，抱持「希望客人會覺得好喝」的心意。

當然，明明端出難喝的水，卻還發送「這是好喝的水」的訊息，是行不通的。不過，既然端出好喝的水，就要好好傳達這樣的心意。不是用言語，而是以態度來展示，傳達給客人。

這麼做，對方感受到的印象便會截然不同。

目前為止，請先掌握好以下三個重點。

1 如果不仔細表達，對方是無法明白的。

2 如果只是告知，無法清楚表達。表達不清楚，對方也就無法理解。表達有其技術。

3 不光是言語，「態度＋表情」也是表達的一大要素。

或許有人會認為，以上重點不是理所當然的嗎？但大多人常會忘記。

就舉夫婦間的對話為例吧。

在剛開始交往以及新婚時，彼此常把「我愛你」「我喜歡你」掛嘴邊，但隨著時間過去，漸漸不再說這種話了。兩人共度的年歲變長，即使愛情與日俱增，也還是不再說「我愛你」「我喜歡你」，對方或許會因為這樣，而在腦中湧現「他是不是已經不愛我了」「她根本就不喜歡我吧」的猜疑。

沒錯。

你覺得對方應該會明白才對，之前表達過愛意了，所以應該沒問題吧。

這是行不通的！

我們人類是「如果沒能仔細表達，對方就不會明白」的生物。言語就不用說了，還包含態度和表情。

那麼，該用怎樣的表達方式才好呢？我會在這本書一一解說。

請容我在此自我介紹。

我叫柿內尚文，東京人，不過父母都是鹿兒島人。替我取名的是已故的祖母。

祖母是國文老師，她替我取名時，在名字中注入「希望你能成為一個崇尚文學的人」的意念。後來我受到名字的影響，從事編輯的工作。

我認為祖母將「想傳達給我知道的想法」託付在名字上，我的人生也受到名字的引導。

過去我以編輯的身分編了許多書籍、雜誌、Mook。拜此之賜，也出了不少本暢銷書，我企畫的書籍和 Mook 的累計銷量已超過一千萬本。現在不光從事書籍編輯的工作，也接受委託針對商品或服務做市場行銷、打造個人品牌、演說，同時也執筆寫書。

編輯的工作，簡單來說，就是由**「發現價值」「打造價值」「傳達價值」**這三者構成。

現在我執筆寫這本指導表達方式的書，是因為多年來從事表達的工作，以自己的方式累積了各種技術。

不過，其實我原本不論是說話，還是在表達上，都非常不擅長。

尤其在眾人面前說話，更視為畏途。學生時代覺得舉手是很難為情的事，不敢這麼做。小學時，老師總是在我的聯絡簿上寫「個性不夠積極」，儘管換了不同年級和老師，聯絡簿上寫的都一樣，所以那句話至今仍深深烙印在我腦海。

上升學補習班時，曾有一個很難為情的經驗。

那是教日本史的知名講師的課。

那門課很搶手，教室裡擠滿了人，粗估有兩百人以上。我自己一個人去上課，所以隔壁有空位。

開始上課前，有一位無人不曉的知名藝人走進來，就坐在我旁邊！

接著他對我說：「可以一起看課本嗎？」

課堂開始後，老師說道：

「今天〇〇〇說想學日本史，所以來上這堂課。」

這時，教室裡所有學生的目光全投向那位藝人。

但我覺得大家好像在看我。

我滿臉通紅。

直到現在，我仍記得自己羞紅了臉的模樣。那位藝人甚至還對我說「你臉好紅啊」。

這件事與表達方式無關。我想說的是，眾人目光的匯聚讓我很不自在，所以在眾人面前說話、表達想法，都是令我很痛苦的一件事。

我也很不擅長宣傳自己。求職時，團體面試簡直就是我的罩門。在團體面試中，我總覺得其他人看起來都很厲害，相較之下，我沒自信，話也說不好，一再地落選。像我這樣的人之所以能改變，是因為某句話帶來的契機。

那是我開始工作幾年後的事。

有位外型像「壞大叔」的師父，他教導我許多工作和社會上的心得。他對我說過一句話，成為改變我的契機。

不能把害羞帶進工作中。個性和工作要區隔開來。

我頓時豁然開朗。

過去我完全以本性去面對工作，所以引來諸多煩惱，一再碰壁。現在細想，這一切都是因為完全照著自己的個性在工作。只要把工作和個性區隔開來就行了！

這是天大的發現。

常聽人說，有些搞笑藝人在電視上表現得活潑又風趣，但私底下其實很文靜。運動員也是，很多人在比賽時很激動，但平時個性溫和。

以前我參與製作《松岡修造堅強面對人生的八十三句話》這本書時，松岡先生曾說過一句話：

「雙重人格棒透了！」

這句話正好表達了對個性做區隔的想法。有代表日本出賽的運動員，因為看到松岡修造的這句話，而突破自己的障壁。就算是一流的選手，個性也會成為障礙，很多人為了如何跨越這道牆而苦惱。

把話題拉回來。

我自從成功將個性與工作區隔開來之後，有了很大的轉變。

或許有人會想：「這跟表達方式有關嗎？」確實有關。

爲了能順利傳遞自己想說的，表達時必須將自己的個性拿掉，這是我最希望大家知道的事。

「說這樣的話，對方或許會討厭我。」「會不會說錯話了？」「被誤會就糟了。」

雖然大家會有這樣的不安，但要是因為這樣就不表達，對對方來說，你想說的事也等同不存在。

為了展現出「存在感」，必須先表達清楚。

如果覺得表達不清楚，這時候就要將個性拿掉，把自己變成另一種人格來傳達訊息。

想完全變成另一種人格，建議試著模仿想像中「善於表達的人」。

「如果是〇〇，不知道會用怎樣的表達方式？」

不論是朋友，還是名人都行。把自己完全變成那個人，試著表達。

另一項重點，則是「表達構造」與「表達技術」。只要理解構造，學會技術，表達的精準度就會提升，也能就此跨越個性的障壁。

具體上應該怎麼做才好，接下來會陸續說明。

本書不是教你如何炒熱氣氛，或是博取對方的認同，而是將自己想表達的清楚傳遞給對方。

為了有更好的溝通，請務必好好活用表達的構造和技術。

那麼，我們開始吧！

本書書名《請用100字表達香蕉的魅力》暗藏的含意，會在結語說明。請一路看到最後。

學會表達技術
就會發生的好事

・有助於解決課題。
・自己的時間增加。
・因為清楚表達而改善狀況。
・減少不必要的壓力。
・與他人關係變好。
・變得有異性緣。
・容易展現工作成果。
・不會占用他人的時間。
・業績提升。
・工作夥伴變得開心。
・工作變得有趣。
・在學校很快樂。
・寫文章變得有趣。
・迷糊的情況減少。
・心情暢快。
・夫妻感情變好。
・親子關係好轉。
・情侶關係好轉。
・自我認同感提升。
・發現自己做的事有價值。

本書使用方法

・別只看一次，務必多看幾遍。

・在自己覺得重要的地方畫線，把想到的事寫在空白處。請務必將書中內容納爲己用。

・不是輸入腦中就結束，請套用在自己身上，積極活用、輸出。

・請以這本書爲契機，創造出自己的「表達技術」。

・請在本書書名頁後的橫線處寫下你想說的話，將這本書送給你在乎的人。

CONTENTS

CONTENTS

第2章 表達的結構有七層

CONTENTS

第3章 告知技術 表達技術

CONTENTS

CONTENTS

CONTENTS

第4章 成功表達者實踐的四大行動

CONTENTS

第5章 面對麻煩人物的因應之道

第 1 章

人不是用事情的對錯，而是以「接收到的訊息」來判斷

沒成功表達的事情，就是不存在

請問。

（本書常有問答題，因為我想盡可能讓大家明白，而加入問答！）

請看左頁插圖。

在眾多「受」字中，藏了一個「愛」。

請在五秒內找出「愛」這個字。

受受受受受受受受受受受受受受
受受受受受受受受受受受受受受
受受受受受受受受受受受受受受
受受受受受受受受受受受受受受
受受愛受受受受受受受受受受受
受受受受受受受受受受受受受受
受受受受受受受受受受受受受受
受受受受受受受受受受受受受受
受受受受受受受受受受受受受受
受受受受受受受受受受受受受受
受受受受受受受受受受受受受受
受受受受受受受受受受受受受受
受受受受受受受受受受受受受受
受受受受受受受受受受受受受受
受受受受受受受受受受受受受受
受受受受受受受受受受受受受受
受受受受受受受受受受受受受受

如何？是否一下子就找到了呢？只要認真找，就能找到吧。不過乍看之下，看起來全部都是「受」。沒發現裡頭有「愛」。或許有人會想，這和表達有什麼關係？關係可大了。

例如新商品發售。大家會全力投入製作好的商品，這是必要之舉。做出了出色的商品！這一定會暢銷！心裡雖然這麼想，可到了發售那天……卻賣不出去。明明是這麼優秀的商品。為什麼呢？

賣不出去的原因，是商品的魅力沒

表達的第一步是「讓對方發現」

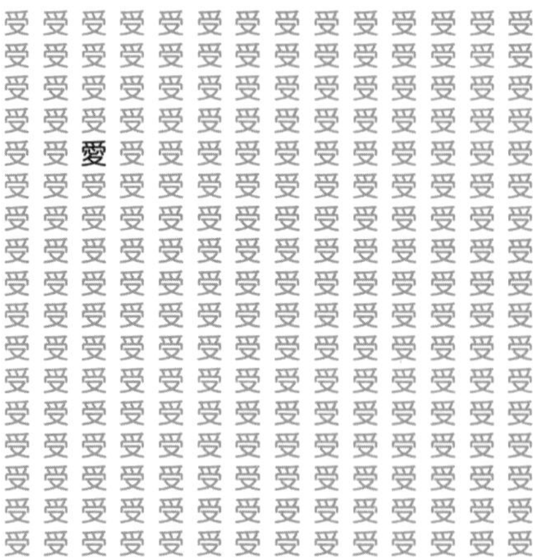

沒發現！！

不論是商品還是服務，
都有這種情況！

充分表達給客人知道。

這種沒充分表達的情況，有時會讓客人連有這項商品在販售都不知道。

就像在一群「受」當中有個「愛」字的情況一樣。

雖是努力做出的商品，但在世上卻處於「不存在」的狀態。這樣當然無法暢銷。

請試著回想去超市購物的情景。

非買不可的物品、大幅降價的商品，會吸引人們的目光，但我們在購物時，都不會發現大部分的商品位在什麼地方。

沒成功表達的事物，等同不存在。

因此，想表達的必須仔細傳達。

爲了讓人從衆多商品中得知其「存在」，必須仔細表達商品的魅力！

人們會從你傳達的訊息來判斷你

以前有一本暢銷書叫《你的成敗，九〇％由外表決定》。書名提到的「九〇％由外表決定」，是根據「麥拉賓法則」，這項法則闡述了美國心理學家艾伯特・麥拉賓主張的非語言溝通的重要性。

實際上是否真的九〇％由外表決定，有各種不同的看法，不過人們往往會以親眼看到的印象來做判斷，所以才有人說不能光憑外表來判斷一個人。

外表的資訊傳達給對方，就此成為判斷的基準。換句話說，內心想法這種看不見的部分，難以成為判斷的基準，也就是不容易表達。

「就算沒說，對方應該也會明白。」

「他應該了解我，所以就算不刻意表達也沒關係。」

很遺憾，我認為最好別抱持這種期待。

馬屁精得到好評的原因

我曾經聽過這樣一件事。

向我發牢騷的人，為人認真、踏實，但不太會為自己宣傳。

他說：

「我的主管完全沒看到我的努力。我明明很賣力工作，但那些老對主管拍馬屁的員工卻得到好評；而像我這種做事踏實，不太表現自己的人，卻得不到好評。真受不了。」

他的心情我懂。

不過，若以表達方式的角度來看，他的表達方法很失敗。

人們都是以從對方那裡接收到的訊息來判斷，所以要是沒能好好表達，就很難讓對方了解。

或許你沒必要逢迎拍馬，但是**「就算我不說，他也應該明白才對」，這種想法應該捨棄**。

人們的興趣和注意力會因爲你的表達方式而改變

如果能巧妙地表達，所獲得的評價應該會提升才對。他確實很努力，而且也開始展現出成果，所以只要能清楚表達就會有好結果。

那麼，該怎麼表達才好呢？

有個很簡單的方法，人人都能辦到。

那就是**「提高接觸頻率」**。

你有過這樣的經驗嗎？

第一次看某明星時沒什麼特別的感覺，但在電視或影片中一再看到，漸漸就成了粉絲。

起初在公司或學校裡不覺得某人有什麼，但每天見面後，開始日久生情。

如果每次都是同一位送貨員送來網購商品，就會對他產生一分親近感。

第一次看到電視購物的廣告時，會覺得「主持人有什麼毛病吧」，但重複看了好幾遍後漸漸感到好奇，猛然回神，發現已經買了主持人介紹的商品。

我也有這樣的經驗。

你知道**「單純曝光效應」**嗎？當我們一再接觸特定的人、物，或是服務，就會越來越沒戒心，而容易產生興趣或好感。這就是這樣的心理效果。

對於沒得到主管好評的人來說，只要**提高接觸的頻率**，常找主管報告或商量就好。這麼做一點都不難，「頻率」非常重要。

別以為只表達一次就夠了

「不忘記別人對你說過的事，才是工作上的專家。」

我二十多歲時，前輩常對我這樣耳提面命。

因為我總是一忘再忘。

而當我成為前輩後，現在變成向後進說同樣的話：

「因為我們是專家，所以不能忘記別人說過的事。」

不過，現在我常反省這件事。

學生時代，要一次記住老師在課堂上教過的內容，我實在沒這個能耐。我都是充分複習，藉由反覆輸入腦中來牢記。長大後，我忘了這件事，還說出「一次就要記住」這種話，真是強人所難。

如果一次無法表達清楚，但仍想要讓對方知道心意，那就要「反覆表達」。

不過，一再重複確實很麻煩。因此，請試著確認什麼事已經表達，什麼事尚未傳達。

例如工作上的協商。不確定對方是否完全理解會議內容時，就要當場確認。用最後五分鐘，請對方說出當天的協商內容。這樣就行了。

在確認協商內容時，請不確定是否成功接收訊息的對象再說一次。自己沒能充分理解、接受的事，就無法順利傳達給對方，所以得確認什麼已成功表達，什麼尚未傳達。

人基本上不太會記住別人說過的話

從他人那裡聽來的話，你能記住多少？

不是我自誇，我幾乎都記不住（所以常記在筆記本）。

記憶力或專注力的差異也有關係，不過很多資訊往往都是聽過就忘，也可能打從一開始就沒在聽。

「艾賓浩斯的遺忘曲線」非常有名。

遺忘曲線是針對輸入腦中的資訊，所以若是連同一開始就沒輸入的資訊也算在內的話，大部分的資訊都會被忘記。

人就是這麼健忘，所以**你所表達的事，很可能會被對方忘記**。

因此，要以對方已經忘了為前提，來提高表達的頻率，這點很重要。

人在記憶時的遺忘曲線：

・二十分鐘後忘了約四二%。
・一小時後忘了約五六%。
・九小時後忘了約六四%。
・一天後忘了約六六%。
・兩天後忘了約七二%。
・六天後忘了約七五%。
・一個月後忘了約七九%。

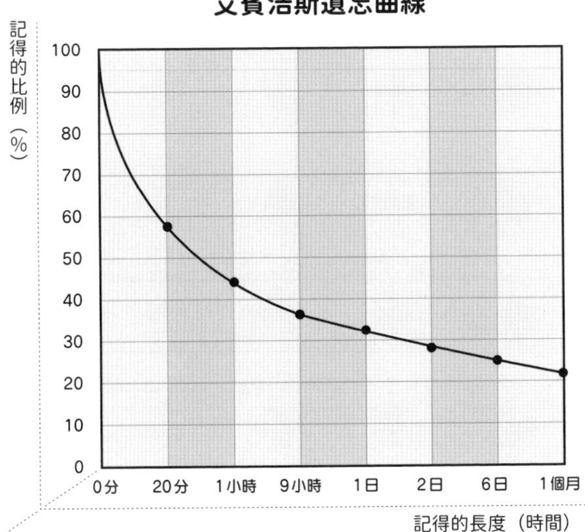

表達的「量」與「質」要分開思考

過去有許多指導表達方式的書籍問世，當中也有不少成為暢銷書，可見有這麼多人懷抱這難解的問題，為了如何表達而感到苦惱。

說到表達方式，有各種不同的面向，在此我們先歸納整理。

表達方式有兩個課題。

分別是「表達不夠」和「表達方式不佳」。

- **表達不夠→量的問題。**
- **表達方式不佳→質的問題。**

別把這兩者搞混，分別思考會比較容易明白。

表達不夠，就是「表達頻率（次數）」的問題。

如同前面所說，如果只傳達一次，沒表達清楚也是常有的事。

對方可能無法一次理解，也有可能聽過就忘。因此，想表達的事要反覆傳遞（在本書中也一樣，我認為特別重要的部分會反覆提及）。

尤其面對健忘的人，以及難以理解的人，希望各位能留意「頻率」。我明明說過很多遍了……請別這麼想，為了達成目的去做自己能做到的事，這才是明智之舉。

不過，有時提高表達頻率會造成反效果，要特別注意。

因為在表達的過程中，若是讓對方產生負面情感，接下來越提高頻率，越有可能加重負面情緒。所以「表達技術」，也就是表達的「質」相當重要。

例如一再吹噓的人，這種人就算有話想表達，聆聽者一再聽他自誇，會漸漸感到不耐煩，而對談話內容產生負面反應。

這邊也說說我的經驗。學生時代，要是持續上一些無趣的課，我就會越來越討厭那門學科。原因就出在授課老師表達方式的質太低。

另一方面，表達方式的質較高的老師，上的課比較有趣，所以會越來越喜歡那門學科，而變得拿手。可見表達方式的質真的很重要。

難以理解、太過抽象、枯燥無趣……這全都是表達方式的質出了問題。

不管再怎麼努力表達，聽在對方耳裡，只覺得「不懂你究竟想說什麼」，這樣實在很令人遺憾。

這並非全然是表達者的責任，有時接收者的理解能力低也有關係。

話雖如此，就算問題出在對方身上，還是改變不了表達失敗的事實。

如果有事想傳達，想讓對方明白，就得提高頻率，同時在表達方式上多花心思，以提高質量，這點很重要。

專欄

口才好不等於會表達

這是之前我聽某場演講時的經驗。

講師口才很好，但他說的話完全進不了我心裡。該怎麼說呢，就是他說的話從頭上掠過的感覺。

聽說他是演講老手，舉辦過數百場講座。所以他說起話來確實流暢無礙，滔滔不絕，但說的話卻傳不進人的心裡。

口才好，不見得就很會表達，這是兩碼子事。所謂的表達，同時也是將「印象十記憶」留在對方心裡。而這位講師，只是羅列自己想說的話，很遺憾，結果就是「表達失敗」。

不過，他本人似乎對此渾然未覺。或許是因爲周遭人都說他口才很好，使他沒機會發現。

如果聽衆是說「恍然大悟」「深有所感」「獲益匪淺」，那就代表表達淸楚；但如果是說「口才眞好」，這樣的感想就不太一樣了。

編輯的工作有時需要採訪。

採訪時，我發現在受訪者滔滔不絕的情況下，無法結束訪談。受訪者談的大部分是自己說慣的事，或是想說的話，但如果是這樣，採訪無法順利完成。當對方把他想說的話全部說出來之後，採訪才算眞正開始。

編輯在採訪中會陸續提問，使訪談內容「變深」「變廣」。

不光是讓對方說出他想說的話，還得引出讀者認爲有價値的資訊。將內容變深、變廣，就是爲了這個目的。

這麼做，往往會發生有趣的事。受訪者曾經對我說：

「沒想到我會說出這樣的話來，也給了我一些新發現，腦中的思緒淸楚多了。」

這就代表採訪很順利。

因爲我引導出受訪者心中潛藏的資訊和想法，並轉化爲語言，獲得了有意思的情報。

很多人希望自己妙語如珠，但卽使沒能口若懸河也沒關係（如果是想成為說話專家，那就另當別論）。

口才好與會表達是兩碼子事。

創造出有自己風格的「表達技術」，就能造就流暢的溝通。

第 2 章

表達的結構有七層

表達原來是這麼回事！

這邊再來個問答。

問題：

請用一句話說出香蕉的魅力。

答案：

酸味與甜味的平衡（我的答案）。

我經常吃香蕉，如果從小時候開始計算，一個月兩根的話，一年就有二十四根。五十年下來，合計吃了一千兩百根香蕉。

前面的一千一百根香蕉，什麼都沒想，拿了就吃。香蕉先生，對不起。

但最近我發現香蕉的可口！

（或許有人會想，我到底在講什麼，請耐著性子看下去，會慢慢接上表達這個主題。）

香蕉可口的重點，在於「酸味」！

這個發現帶給我很大的衝擊，因為我原本一直認為香蕉的價值在於「甜味」。

或許有人認為，這種事竟然現在才發現。說得一點也沒錯。

我一直都沒發現，且一晃眼就是五十年。

我發現酸味的契機，是某次買了號稱特別栽種的香蕉。沒有放太久，買回來馬

上就吃。雖然酸味頗強，但柔和，與尚未過熟的甜味巧妙融合，產生一股難以言喻的可口。

香蕉的可口＝酸味×甜味的平衡與品質（個人感想）。

就此我明白了心中所認定可口香蕉的「構造」。

從那之後，為了避免香蕉因後熟作用而使酸味消失、甜味變強，我都不採常溫保存，而是放進冰箱，延緩它後熟的速度，讓香蕉維持我喜歡的酸味。

重點就在於理解構造。

了解構造後，便能看出各種真相。當我們要學習某項技能時，先了解構造，就能理解整體的樣貌或本質。

這也可用在表達方式上。表達時有三個重點。

①理解表達的構造。

②學習表達技術。

③實踐（行動）。

我的前一本著作，讀者的感想很多都提到「文章流暢易讀，很容易進入腦中」。

聽到這樣的心得，我心裡很高興。為什麼高興呢？一來當然是因為獲得許多讀者欣賞，二來則是我想說的有順利傳達給讀者。執筆時，文章中大量使用了表達技術，為了提高讀者的理解和認同感，我投注了不少心思。

我特別重視的是，**想像讀者腦中的想法**。

具體來說，有以下幾個重點。

- **爲了讓人接受我的理論，大量使用了「比喻」。**
- **活用容易讓人感同身受的案例，例如戀愛或餐廳這類故事。**
- **讀者能透過書和我互動。**
- **積極活用「停頓」。**

這是我留意所有的表達構造、運用表達技術寫的一本書。

那麼，所謂的表達，究竟是怎樣的構造呢？

我思考的表達構造，就像七層高的大樓。

表達構造1樓　目標設定

首先，表達需要設定目標，也就是為了什麼目的。

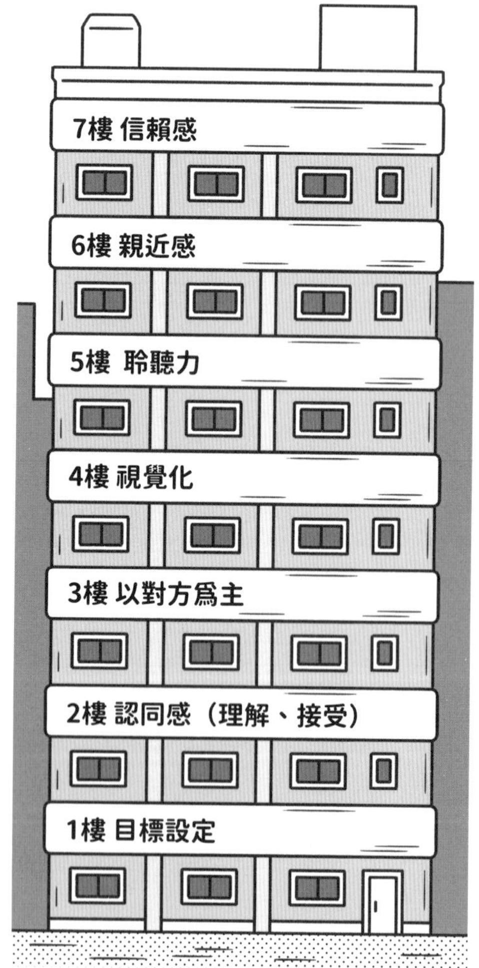

就算是閒聊，也有目標。也許是為了破冰，也許是為了和對方打好關係，有時目的也可能只是單純閒聊。

設定目標非常重要。

表達構造2樓　認同感（理解、接受）

接著是認同感。要先獲得對方的認同，才能清楚表達。認同也就是理解、接受的意思。

為了達成目標，要獲得對方的認同。

「我不懂你在說什麼。」

這種狀態下，無法獲得對方的認同。

「你說的我懂，話雖如此，還是有點……」

這是已獲得認同的狀態。

沒能獲得對方的認同，就不算表達成功。

表達構造3樓　以對方爲主

話說回來，所謂的表達，並不是向對方說自己想說的事。
或許有人就算腦子明白，行動上卻只說自己想說的。
「告知（說）」不等於「表達」。

你是否曾有以下情況？這是主管與部屬的對話。

主管：「這個案子傳達給對方了嗎？」
部屬：「我說了，但對方說他聽不懂。」
主管：「那不就是沒說嗎？」
部屬：「可是我說了啊！」

「說了」等於「表達」，這是常有的誤解。
如果對方沒有理解並接受，就不算成功表達，只算是告知而已。
為什麼會引發這樣的誤會呢？

部屬採取的是以自我為主的想法，眼中沒有對方的存在。他認為「表達」等於「我說了」。

但重點不在於說了，而是要成功表達。

成功表達＝對方能理解、接受、認同。

這就是以對方為主。

以自我為標準來思考的人，當想說的沒能成功表達時，有時會怪到對方頭上。常有人感嘆，「我明明跟他說過好幾遍了」「都是他的問題」，很遺憾，這種人就是表達不得其法。

而另一方面，以對方為主來思考的人，沒能成功表達時，會改變方法，或是嘗試其他手段，採取能成功傳達的行動。

以對方為主來思考。這是該畫紅線的重點。

表達構造4樓　視覺化

前面說過，所謂的表達，是獲得認同。為了獲得認同，讓對方在腦中「視覺化」很重要。

以前發生過一件事。

我家附近有很多農田，設有多處小賣店在販售自家種植的蔬菜。散步時路過，發現他們賣的是一種叫「大和芋」的芋頭。

「這是山芋嗎？」「吃起來是什麼味道啊？」我詢問一起散步的內人，她說她也不清楚。

這時農家的人上前，向我們說明：

「大和芋是山芋的一種，這種大和芋黏性很強，就像自然薯一樣。把它磨成泥，用海苔包起來，很好吃哦。」

聽他這樣說明，腦中浮現我們津津有味地吃著大和芋的畫面。當然馬上買回家，晚餐大快朵頤了一番。

這故事暗藏了表達構造和技術。

・對方不清楚大和芋的事。

・比喻成對方可能知道的事物，加以說明（比喻成自然薯）**↓表達技術。**

・**連食用方法也一併介紹，讓對方產生「很想吃吃看」的想像畫面**（「用海苔包起來很好吃」這種介紹方式讓人容易想像）**↓視覺化。**

我和內人腦中都能想像大和芋擺在餐桌上的畫面，這就是視覺化。相反的，如果腦中沒浮現畫面，沒表達成功的可能性相當高。

說話淺顯易懂的人，就是視覺化的高手。

有個喜歡落語（譯註：日本的傳統表演藝術，以笑話或描述滑稽故事爲主）的人曾經告訴我，「高明的落語，可以讓人看見景色」。我認為說話淺顯易懂的人，也能在表達時讓人看見景色。

請試著回想電視上的美食播報員。

厲害的播報員和差勁的播報員，他們的差異顯現在哪方面呢？

「這個咖哩超好吃的！」

如果只是這樣說，無法讓人明白咖哩的魅力。這咖哩好吃的重點在哪裡？與其他咖哩有什麼不同？觀眾很難從「超好吃」想像出咖哩有多好吃，對吧？

另一方面，厲害的播報員就不同了。他們會讓咖哩的好吃視覺化。重點要一邊留意五感，一邊表達。

・視覺：外觀。形狀、分量、顏色等。
・味覺：好吃的程度。鮮味或濃郁、甜味、鹹味、苦味、酸味等。
・嗅覺：氣味。芳香、甘甜等。
・聽覺：聲音。烤肉的聲響、鍋中食物煮沸的咕嚕咕嚕聲等。
・觸覺：口感。入口即化、有咬勁、清脆的感覺等。

他們會將這些要素與情感合併表達，如此一來，人們就能看見「咖哩的景色」。在腦中視覺化，指的就是這樣。

表達構造5樓　聆聽力

我的朋友當中，有人創下驚人的業務成績。
我問他是怎麼辦到的，他給了我這樣的答案：

「業務的工作不是『販售我們自己的商品』，而是『介紹對方需要的商品』，所以我都不推銷商品。總之，要先**仔細聆聽對方說話，從中看出我們的商品有哪部分對客人有必要性**。只要發現必要性，就告知客人；如果沒發現，也坦白告訴對方。」

我覺得頗有道理。

被人強迫推銷，確實很反感。

例如走進店內想看看衣服，這時要是店員上前一再推薦，會覺得有點厭煩。

另一方面，也不時有人會讓我覺得：「這個人真厲害！」

以前有位成衣店的店員問我：「您的手提包和您今天穿的西服很搭，是在哪裡買的呢？」我便不自主地和他聊起來。儘管那位店員完全沒推薦我買衣服，但最後我還是買了。

我認為這是因為店員「肯聽我說」，因而在我心中產生**「回報性原理」**和**「親近感」**。

回報性原理是指受人恩惠就會想回報的「回報法則」。如果一味受人恩惠，會覺得過意不去，想報恩。

商業書中常提到「有施才有得」，這就是回報性原理。

話說回來，我其實也不算是從店員那裡得到恩惠，但「他這麼注意我，而且還聽我說話，真的很感謝」，這種情感會從心底湧現。只是因為這樣，便想向他買衣服。

表達構造6樓　親近感

「親近感」也是左右能否清楚表達的重要因素。

只要試著想像完全相反的「厭惡感」，就很容易想像出親近感。

（或許各位會感到排斥）請試著想像你討厭的人。

我們無法直接接受討厭的人所說的話，就算對方說的沒錯，還是會想從中找出破綻加以吐槽，不想認同對方。

另一方面，一旦懷有親近感，身體和腦袋就會轉為接納對方的模式，儘管覺得不太對，還是會不自主地說：「好！」是不是這樣呢？

親近感就是這麼影響人們的判斷。

有一套增加親近感的方法。

【增加親近感的祕訣】

祕訣一：找出共同點。

祕訣二：向對方表現出興趣。

祕訣三：暴露自己的缺點。

祕訣四：笑臉。

說到表達方式，我們往往會將注意力投注在「該怎麼說」「如何表達」之上，不過，聆聽力和親近感也是表達的一大要素。

請試著回想。

自己說得熱切，對方專注聆聽，是不是會讓你覺得很快樂？

沒錯。要**先聆聽對方，縮短距離，產生親近感，這樣對方才會想聽聽看你怎麼說。**

表達構造7樓　信賴感

某位知名經營者曾說過一句話：

「有失敗才有成功。」

各位聽了有什麼感想？會不會覺得這句話富含哲理，為人帶來啟發呢？

我差點把它寫進筆記本了。

但要是有個老是把事情搞砸的人說這句話，你會怎麼想？

「現在我犯下的諸多失敗，將來都會成為成功的種子。」

聽到成天出包的人說這種話，是不是會覺得：「這傢伙在鬼扯什麼啊？」

不過，如果將兩人說的話寫成文字來比較：

「有失敗才有成功。」

「現在我犯下的諸多失敗，將來都會成為成功的種子。」

內容幾乎一樣。

差別就在於兩人帶來的「信賴感」。

表達的一項重點，就是信賴感。

那麼，該如何獲得信賴呢？這時，要思考信賴感的構造。信賴感是如何組成的呢？

信賴感的構造有以下七個：

（我方）①「誠實、坦率」，②「技術、能力」，③「結果、成果」，④「接觸頻率」，⑤「道德觀」。

（對方）⑥「感興趣」，⑦「意義、價值、動機」。

這是我個人的想法。構成要素因人而異，不過，我認為就是這七個要素建立起信賴感。

再來只要留意每個要素，以此展開行動，就能使對方產生信賴感。

並非所有要素都非具備不可，即使有遺漏，只要加強其他要素也會產生信賴感。最後就看你與對方的關係，當對方覺得「如果是這個人說的話，我信得過」，成功表達的可能性便會大幅提升。

這牽涉到先有蛋還是先有雞的問題，不過，還是想先談談產生信賴感的表達方法。

構成信賴感的七個要素，每個都能藉由表達來提升。

①「誠實、坦率」是仔細、認真地面對對方，好好表達，好好聽對方說，對方就能感受得到。

②「技術、能力」，③「結果、成果」，⑦「意義、價值、動機」是指如果沒好好告知成果或價值，對方可能不會發現，所以要運用方法好好表達。

④「接觸頻率」是提高傳達的頻率，這樣就有可能產生信賴感。

偶爾要提到⑤「道德觀」，傳達自己的想法，有助於建立信賴感。

⑥「感興趣」是明確告知對方「我對你有興趣」，對方也因此可能對你提高興致。

下一章將介紹十六個表達技術。當中有日常對話或談生意能用到的對話要訣，也會特別提到在思考廣告標語或寫文章時能派上用場的方法。請從感興趣的部分看下去，以自己的方式安排閱讀順序，加以活用！

專欄

改變目的後，閒聊會變得很開心

我認爲不擅長閒聊的人相當多。我以前也不擅長。

有時會不知道該聊什麼才好。尤其在電梯裡兩人獨處時，這段時間特別尷尬。如果是開會前的空檔時間，會藉由閒聊打破冷場，緩和緊張氣氛。有時爲了這個目的，會勉強和對方閒聊幾句。我以前也會基於一種義務感，認爲得打破眼下的緊繃感才行，而勉強和對方閒聊。

「您今天是走哪條路過來的呢？」

像這樣，用一些絕對安全的內容當作聊天話題，與對方交談。不過，視閒聊爲畏途的想法始終無法消失。

爲什麼呢？

我發現「我得打破冷場才行」的想法，是造成視閒聊爲畏途的原因。

就是這麼回事。

打破冷場是爲了達成接下來的目的，因爲有「我希望今天的會議能順利進行」「希望能讓交涉對象點頭答應」等目的，所以才要打破冷場。目的是爲了讓會議或交涉順利，而閒聊是方法之一。

我發現就是因爲這樣，自己才會緊張，或使事情不順利。

因此，我決定重新思考閒聊的目的。

我的結論是，閒聊不是爲了打破冷場，而是爲了與對方打好關係。於是，我試著改變內心的目的。

不論是在工作上，還是在其他事情上，如果在彼此人生中的某段期間要共事，那我希望能和對方建立更好的關係，能多知道一點對方的事。相逢自是有緣。

這麼一來，你猜結果如何？

原本視爲畏途的閒聊，已不再讓我痛苦，反而漸漸覺得閒聊很快樂。

・非讓對方說「好」不可。
・非導出有利的條件不可。
・非順利推動不可。

這些事在工作上當然都是必要的。

不過，正因爲這樣，得先抱持和對方打好關係的想法。

藉由改變閒聊的目的，內心變得輕鬆不少，視閒聊爲畏途的感覺也消失了。

不過，有一點得特別注意，那就是閒聊的時間可能會因此拉長。有時一不小心聊得太熱絡，結果沒時間談正題，所以請特別注意。

還有，如果你一時之間無法馬上變得喜歡閒聊，建議事先準備好聊天的題材。

舉例來說，如果對方是第一次見面，那就聊「場所」。居住的場所、辦公室的場所、最近去過的場所等，只要提出和場所有關的話題，就有機會打開話匣子。

如果是不太熟的同事，聊「最近的工作話題」可說是基本款。

只要這樣事先決定好，就不會爲了該說什麼而不知所措。

第3章

~~告知技術~~

表達技術

表達技術①比較

若不比較，人們難以明白魅力何在

我曾在光顧某家燒肉店時，看到有一道菜是以肉的不同部位組成的什錦拼盤。牛五花、里肌、牛臀肉、腰脊心、肩里脊內側肉、和尚頭心……每個部位都很好吃，不過，藉由吃什錦拼盤來比較後，就很清楚不同部位在好吃程度上的差異。肥肉的美味、肉味的濃郁和鮮度的不同、口感的差異，如果只吃單樣便嘗不出各自的獨特魅力。藉由吃的「比較」，才得以突顯出來。

就是這麼回事。

魅力和價值會藉由比較，變得明確。因爲比較而看出差異，魅力就此逐漸突顯。

排名和偏差值（譯註：偏差值是一種利用標準分算法得到的數值，一般用於衡量日本升學考生的分數排行。以偏差值五十分爲中間值，偏差值越高，表示學生的分數排名越前面，越容易進入好的高中或大學）是一種比較；在超市會忍不住伸手拿起貼有「熱銷中！」標籤的商品，也是比較帶來的效果。

我們在日常生活中也常在無意識中比較，例如：

「這比上次的企畫好哦。」

「比前一年提升了一二〇%。」

此外，比較也會影響人們看事物的眼光。

身兼廣播作家和作詞家，在各個領域都表現活躍的永六輔先生，聽說以前曾在廣播節目中說過這麼一段話：

「對於事物，只要知道什麼最好、什麼最差，當介於兩者之間的東西出現時，我們就能判斷它大概是怎樣的水準。」

坦白告知缺點

本書開頭提到的蔬果店老闆，他便是採用「藉由告知不好的部分，來突顯好的部分」的比較方式。

以前在一家壽司店，老闆建議我吃深海魚：

「雖然樣子不好看，但味道很棒哦。」

聽老闆這麼說，我試著點了一份嘗嘗，結果確實鮮美無比！

比起只是說「很好吃哦」，還不如說出它的缺點，更能突顯出它的特色。

最近浪費食物正形成社會問題，所以越來越多企業不捨棄形狀或外型難看的商品。

像無印良品的「無選別年輪蛋糕」、江崎固力果的「巨人甜筒〈草莓口味〉NG商品」等，都是呈現出負面的部分，由此也可看出浪費食物的社會問題。

這種比較方法，是我也常運用的一種編輯技法，很簡單又方便使用。

表達技術②繫包袱和抖包袱

說話無趣的人，或許是「繫包袱」做得不夠

「繫包袱」和「抖包袱」，是相聲世界常聽到的名詞。

繫包袱給人「接下來一定是這樣」的想像。而抖包袱，則是準備一個與想像大異其趣，帶有意外性和驚奇的結局。在繫包袱和抖包袱的搭配下，笑料就此產生。

而在表達方式上，繫包袱與抖包袱也很重要。

不過，表達方式的繫包袱與抖包袱，與搞笑又不太一樣。

表達的繫包袱與抖包袱，是使內容顯得更有價值的一種手法。

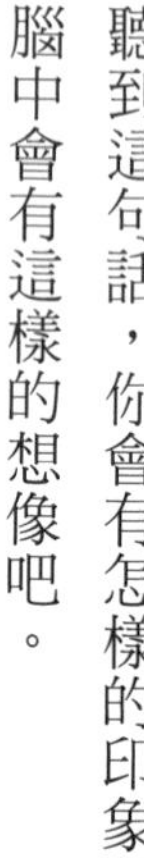

聽到這句話，你會有怎樣的印象？

腦中會有這樣的想像吧。

不過，如果是像這樣繫包袱，你覺得怎麼樣？

我那孩子到高二學期結束前，成績一直都不好，偏差值也只有35！

後來開始努力，也沒去補習班，結果應屆考上東大！

聽到這樣的內容，應該會很驚訝吧。

他這書是怎麼念的？為什麼在這麼短的時間內，成績可以突飛猛進？一下子便讓人產生濃厚的興趣。

談話中包含了繫包袱和抖包袱。拜此之賜，讓人對這番話很感興趣。

・**繫包袱——到高二學期結束前，成績一直都不好。偏差值35。也沒去補習班。**

・**抖包袱——應屆考上東大。**

有沒有繫包袱，傳達出來的印象截然不同。

巧妙運用繫包袱與抖包袱而就此暢銷的，正是《後段班辣妹應屆考上慶應大學的故事》。這本書成為暢銷書，電影也很賣座。

因為繫了「後段班辣妹在一年內將偏差值提高四十」這個包袱（編按：上一段出現的是中文版書名，原文書名裡有「在一年內將偏差值提高四十」），所以才能抖出「應屆考上慶應大學」的包袱。如果是高中時代一直名列前茅的優等生應屆考上慶應大學的故事，就不會讓人感到驚奇。

繫包袱和抖包袱之間，如果**有意外性、驚奇、新奇性、憧憬，人們就會開始好奇並感興趣**。

這是將印象的絕對值和幅度擴大。

舉例來說，減肥產品中常有這樣的廣告。

體重八十公斤的人使用某項產品挑戰減肥，結果成功減去二十公斤！

這就是所謂的「Before・After」，也算是繫包袱和抖包袱的一種。如果只有After，會搞不清楚到底哪裡厲害；因為有Before，所以傳達出After的厲害之處，絕對值因此變大。

其實本章標題也用到了繫包袱和抖包袱，各位發現了嗎？

本章的標題是「~~告知技術~~ 表達技術」。

如果只有「表達技術」，看過的人或許只會留下「表達技術確實很重要」的印象。

但如果在「告知技術」這四個字加上刪除線，用這樣來繫包袱，會變怎樣呢？「咦？我本以為自己具備表達技術，但其實可能只做到告知而已」，或許會浮現這樣的想法。

藉由繫上包袱，作為抖包袱之用的標題變成切身相關的事，使魅力大增。考量到這點，才這樣下標。

（自己破哏，實在有點難為情……）

繫包袱和抖包袱的做法

那麼，繫包袱和抖包袱，具體該怎麼做呢？

我推薦「減法」以及「加法」。

《後段班辣妹應屆考上慶應大學的故事》和「減肥的Before・After」就符合減法。以「落差很大的Before」來對現狀（After）繫包袱。

此外，如本章標題，對繫上的包袱加刪除線，藉此加強抖包袱的價值，也算是一種減法。

加法的繫包袱和抖包袱，則是像以下這種感覺。

以「好吃的鰻魚」為例來說明。

【沒繫包袱的狀態】

「鹿兒島產的好吃鰻魚」

為了提高鰻魚的魅力，而繫包袱。

【繫包袱①】

「以炭火炙燒，鹿兒島產的好吃鰻魚」

↓「以炭火炙燒」成了繫上的包袱。

【繫包袱②】

「使用自創業以來傳承五十年的獨門醬料，並以製炭工匠製作的備長炭燻烤，完成了鹿兒島產的好吃鰻魚」

↓「自創業以來傳承五十年」「獨門醬料」「製炭工匠製作」「以備長炭燻烤」，一次繫了四個包袱。

如何？這樣的鰻魚，難道不想吃吃看？魅力一下子提升許多了吧？

因為繫包袱，而提高了抖包袱（結論）的價值。這就是加法的繫包袱和抖包袱。

如果是日常對話，可以這樣使用：

「這款運動鞋是我一直很想要的款式。結果去買的時候，每一家都賣完了，我逛了十幾家店，好不容易才買到。真的很搶手。」

波浪線的部分全是繫包袱。

比起只是說「這款運動鞋是我一直很想要的款式」，如果能繫上包袱，更能傳達出運動鞋的魅力。

工作上也能採用這種方法：

「我提交資料了。其實費了很大的工夫，一再從錯誤中摸索，花了十小時才製作完成。」

如何？

如果只是說「我提交資料了」，無法清楚傳達你的用心，要表達出你有多賣力。而收取資料的對方，在聽到「花了十小時」之後，應該就不會草草看過，而會想要仔細閱讀一番。

使用繫包袱和抖包袱，也有助於展現過程。不惜逛十幾家店也想買到的運動鞋，以及經過一再錯誤摸索後，花了十小時完成的資料，因為能看見整個過程，所以抖包袱的價值也提高了。

讓人想開口說「好」的邀約方式

邀約時，繫包袱和抖包袱也很有效。

【沒有繫包袱的邀約方式】

「有一家風評很好的西餐廳，我們下次一起去好嗎？」

【繫包袱的邀約方式】

「你最近去過什麼西餐廳嗎？哦，你說的店聽起來不錯呢！果然知道很多好地

方！對了，有一家風評很好的店，和你喜歡的很類似，我想去吃看看，方便的話下次一起去如何？」

波浪線的部分就是繫包袱。

以繫包袱的方式提問，讓西餐成為彼此的共同話題，對方會因此認為這件事和自己有關。這時如果再提出一家風評不錯的店家，對方便很容易點頭說「Yes」。

（當然了，還是會有No的時候……）

如果是突然邀約，被拒絕的可能性通常很高。

在這種情況下，必須配合對方的思維。

名言也常用到繫包袱和抖包袱。

高杉晉作（編按：日本幕末長州藩士，以創設奇兵隊而活躍於倒幕活動）有句名言：「讓這無趣的世界變得有趣。」這句話如果沒有繫包袱，會變成這樣：

「要讓人生變得有趣。」

如果是這樣，可能就不會成為名言流傳後世了。這都是因為繫上了「這無趣的世界」這個包袱，發揮了作用。

沒繫包袱，抖包袱的魅力和價值便不容易傳達。

表達技術③事實與心理

吉野家的「好吃、便宜、快速」兼顧事實與心理

在思考表達時，往往容易遺漏一件事，那就是表達分為兩種：

①傳達事實（現象、真相）。
②傳達心理（情感）。

有時兩者會混淆。

舉個例子，在工作上以郵件表達「辛苦您了」，是否有其必要呢？這個爭論不時發生。

認為不需要的人，論點如下。

因為是工作上的往來，所以盡可能講究效率，減少時間的浪費，產能才能提高。因此，不需要寫信說「辛苦您了」。

這個問題最好用傳達事實和傳達心理來思考。

的確，如果只考量到傳達事實，「辛苦您了」這句話確實多餘。

但如果是傳達心理，「辛苦您了」則成為關懷對方的一句話。想傳達心理（情感）的人，不妨這樣使用；而不想這麼做的人，則可以不用。只要像這樣分開運用即可。

另一方面，如果是以下場景該如何處理呢？

為什麼你沒好好
向我報告！
因為你的關係，
問題整個鬧大了！

這是主管因部屬疏失而責罵的場面。

就算主管心裡想的是「不希望部屬再犯同樣的錯」，才出言責罵，但部屬是否感受到他的用心呢？

「為什麼你沒報告？」這個問句傳達了事實。

「因為你的關係，問題整個鬧大了！」這句話則同時傳達了事實與心理。

以部屬的觀點來看，或許會因為對心理層面的話印象太過強烈，而無法坦然聽取事實層面的話。部屬可能會想，「主管只是想發飆而已」「他想打壓我，所以才會發飆」，而冷漠以對。

主管明明是想傳達事實，部屬卻因為心理層面的話而耿耿於懷。兩人完全沒交集，太可惜了！這麼一來，想表達的根本無法傳達。

傳達事實與傳達心理，兩者得分開來思考。

再說另一個故事。

妻子找丈夫商量一件事。

你聽我說，
今天在公司發生了一件
很過分的事。
明明不是我做的，卻把
過錯怪到我頭上。真不
敢相信。

對此，丈夫回答：

眞的很過分。
會發生這種事有可能是
彼此溝通不良所造成。
今後妳就多和對方溝通
吧。

丈夫說的話，完全傳不進妻子心裡。

我認為這是因為丈夫沒發現傳達的內容有事實與心理之分，得分開思考，所以才會發生這種事。

妻子想表達的是心理的部分，要對「很過分」一事有同感。另一方面，丈夫則是針對事實回答。

各位覺得呢？

想必很多人都有過類似的經驗吧，不知道要將事實與心理區分開來，我以前也常常這樣。

人類就是因為有語言，才能如此繁榮；但另一方面，語言同時也是個麻煩的東西。

溝通經常伴隨著「心理（情感）」這個棘手的東西。尤其，人往往會將話語內容與人格混為一體。

辯論無法順利進行、討論變成吵架……走到這一步，就很難有建設性的溝通。

表達時，要將事實與心理分開思考再傳達。

光是做到這一點，傳達力就會提升。

將事實與心理合併表達

另一方面，藉由巧妙活用事實與心理，傳達力便可提升。

舉例來說，吉野家有名的廣告標語「好吃、便宜、快速」，便是將事實與心理合併在一起。

・好吃↓心理。

・便宜、快速↓事實。

宜得利的廣告標語「哦，物超所值」，也是結合了事實與心理兩層面的傑出廣告語。針對買到賺到、CP值高這件想傳達的事，藉由加上「哦」這個感嘆詞，來提高傳達力。

廣告標語常將事實與心理合併使用。

「管不住手，停不了口」是卡樂比河童蝦味先的廣告標語。

管不住手↓心理。
停不了口↓事實。

這也是以心理和事實兩個層面來傳達同一件事的知名廣告標語。
日清食品雞湯拉麵的廣告標語「馬上可口，極上可口」，同樣是事實╳心理的構造。

事實與心理這個表達技術也能用在日常對話和文章中。
例如去唱卡拉ＯＫ，對友人的歌聲表達感想：
「你很能飆高音呢（事實）。聲音也很響亮（事實），充分配合旋律的聲音震撼人心（心理）。唱得真好！（心理）」
同時加入事實與心理來誇獎，如果是我，聽了肯定高興極了。
當另一半在家為我們做菜，要加以誇獎時，可以這樣表達：
「煮得很入味（事實），太好吃了！（心理）」
此外，我們編輯也常將事實與心理合併使用。
例如：

邏輯（資料）×情感。

功能性優點×共感。

表達功能×表達心情。

「有說法指出，人一天會思考六萬次。除了睡覺時間之外，大約平均一秒思考一次。（真厲害！）」

這是從我前一本著作中擷取的內容，我介紹了邏輯（資料），結尾再補上「真厲害！」這種心理層面的話。

「真厲害！」就算沒出現在文章裡，當然也能傳達出它的含意，但因為我想讓大家知道這個事實，所以才補上「真厲害！」這句心理層面的話。如果能因為這句「真厲害！」，而讓這篇文章在人們心中的強度提升，那就太好了。

除此之外，還有以下這段話：

「聽說人腦會傾向從對自己有利的角度來看事物，並進行判斷。與討厭的人及不擅長應付的人有關的，便很可能只看到討厭和不擅長的部分。

「如何？請試著想像一下你不擅長應付及討厭的人，腦中會浮現多少他的優點？」

我先告知大腦的「功能」，接著提出能讓人產生「共感」（與自己切身相關的事）的問題。這也是可用來讓對方接受自己想表達的內容的一種手法。

透過在表達時這樣合併使用，我構思了能進入許多人心中的文章。

表達技術④腦內調音

與想互相了解的人展開「腦內調音」！

「說的」與「想的」不一致，是常有的情況。

部屬：「這工作真教人吃不消！」
主管：「這會讓你成長。加油吧。」

腦中的想法是……

部屬：「我是因為太忙了才這樣說……」
主管：「這麼點小事就叫苦，實在太嫩了……」

如此一來，彼此都陷入了不幸。當然，價值觀和著重的事物因人而異，所以每個人都不一樣。

不過，要改善溝通上的不一致，是有可能的。

方法就是「腦內調音」。

所謂的腦內調音，是共享彼此腦中的目的和印象。

重點有三：

重點①與對方共享目的。
重點②以提問來調音。
重點③讓彼此的想法視覺化，逐步向前邁進。

進行腦內調音時，一開始的重點是與對方**共享目的**。

如果沒能共享目的，永遠不會有表達成功與相互理解的一天。

第二個重點是**提問**。樂器在調音時，是一面發出聲響，一面調整；而溝通的調音則是以提問來進行，目的在於**探尋對方腦中的畫面**。

我聽認識的美髮師說過一件事。

剪髮時有件事得特別小心，那就是客人想像的畫面和我們想像的不同，對此要有所認知。

舉例來說，即使客人說「請幫我剪三公分」，這時要先思考一下。

髮質或脖子長度因人而異，許多客人不清楚自己的特徵。因此，要先確認彼此想像的畫面，這就是腦內調音。

讓客人看雜誌上的髮型型錄，或是告知頭髮的特徵，一面詢問客人想像中的畫面，一面加以視覺化。美髮師擁有許多資料，所以可以一邊告知過去的失敗案例，一邊調整，讓雙方腦中想像的畫面盡可能彼此貼近。

言語難以清楚表達時，要使用圖片或照片之類的圖像，讓彼此的畫面一致。

這就是腦內調音的重點之一。

那麼，95頁舉例的「工作真教人吃不消」，如果想進行腦內調音，該怎麼做才好呢？

我認為關鍵在於兩人價值觀的差異，立場不同也會帶來影響。因此，要讓想法完全一致實在有困難，但可以得知彼此「為什麼會那麼想」的原因。

主管希望部屬成長。想成長，就必須付出努力，超越此時的自己，所以主管希望部屬能跨越眼前這小小的難關。

而另一方面，部屬因為太過忙碌，光處理眼前的工作便已分身乏術，根本沒心思談什麼成長。當然部屬也想成長，但當務之急是希望主管能調整工作量，讓工作更有效率。

如果對兩人進行腦內調音：

- **兩人對於「成長」，都有同樣的想法。**
- **相對於主管希望部屬靠努力來解決問題，部屬則希望主管能調整工作量。**

只要彼此共享這部分就行了。

互相提問，看哪部分需要努力，哪部分需要調整，讓它視覺化，這樣就能獲得解決之道。

如果不進行腦內調音，對彼此抱持著不滿或壓力，那就太可惜了。積極的腦內調音會促成好成果。

附帶一提，提問時要注意以下幾件事：

- **將對方逼入絕境的提問↓×。**
- **二選一的提問↓×。**
- **往自己的意見誘導的提問↓×。**
- **一邊聽對方的意見，一邊提問↓○。**
- **對對方抱持興趣來提問↓○。**

進行腦內調音時，建議使用白板或筆記本。這樣可以視覺化，較容易共享彼此的目的。

大多數人常不小心沒使用白板就展開對話，請多加留意。

如此就不容易看出彼此腦中的想法，腦內調音也難以順利進行，不僅溝通不順利，也很可能累積對彼此的不滿。建議要盡可能將對話視覺化，以此展開腦內調音。

表達技術⑤換個說法

換個說法，轉負為正

「人上了年紀，不是老化，而是進化。」

這是知名女演員在某次採訪中說過的話。（雖然不是完全採照原文，不過她說的意思大致如此。）

初聞此言，我對年老的不安就此轉為期待。

之後，當我感覺自己老化時，就會心念一轉，認為「這是進化」。以前總想在別人面前盡可能顯得年輕一些，但最近已經能坦然說出自己的年紀。

除此之外，也有許多話語拯救了我，在背後支持著我。

言語的力量真的很驚人。儘管乍看很雷同，但**表達的價值，會因爲你使用的話語而帶來完全不同的改變。**

既然要表達，就該積極去做，這樣不論是對自己，還是對他人都好。「換個說法」在督促我們前進，或是沖淡負面情緒時，能發揮強大的力量。

「換個說法」是改變表達的價值、轉移表達價值時使用的方法。

同時，換個說法也是讓自己更快樂的方法。

舉例來說，因為下雨覺得厭煩時，如果試著改成「雨天是用天然加溼機護膚的日子」，就會覺得下雨反而賺到。

我會將「無聊」改為「投注的心思不夠」，這麼一來，就算原本無心參與的會議，也會覺得為了讓會議變得有意義，而投注更多心思。

言語的力量驚人。所以要盡可能將負面、消極的事說成正面、積極，善加運用，便能調整內心，成為改變行動的契機。

當對方遲遲無法理解，或是直接告知會讓人覺得難受時，換個說法也能發揮功效。

「我話說得太重了」，很多人都曾經這樣後悔過吧。我也有過這種經驗。一旦太衝動，就會忍不住採取強硬的表達方式，我常對此反省。

哪些話適合換個說法呢？例如「極端用語」。

像「總是」「全部」「一點都不……」這類在否定時使用、強調否定的用語。

「你為什麼總是遲到？」
「到底要講幾次你才會明白啊！」

這就是極端用語。
要避免使用「總是」「到底」等用詞，換個說法。

「你為什麼遲到？」
「我已經說過很多次了，希望你能明白。」

這種時候，換個說法也能派上用場！

以下情況，換個說法就能派上用場。

A：「啊～為什麼會失敗呢……」
B：「將失敗改成『發現課題』如何？失敗中也有許多的發現和學習，所以只要將失敗換成發現課題，思考下次可以如何處理，不就行了嗎？」

失敗↓發現課題。

不將失敗當作後悔的對象，而是視為未來的食糧。如果能像這樣換個說法，將有助於自己的成長。

改變話語，有助於改變思考。
只要思考改變，行動也會隨之改變。
行動改變，未來就會產生變化。
換個說法，便是第一步。

換個說法也能用在自己身上。

藉由換個說法，能造就出「提高動機」「重新發現價值」等各種好處。

舉例來說，當我和從事管理職的領導者交談時，常聽他們這樣說：

「工作上常出包的部屬，總是需要人照顧。」

「我有個部屬，非做不可的事老是一下子就忘記。」

之所以會有這種不滿，是因為抱有「經營＝管理&成果」的想法吧。不過，有能力強的部屬，也有能力差的部屬，管理能力差的部屬時，如果不是說「成果」，而是改成視為「長期投資」，如何呢？或許不會馬上有成果，但日後將會結出豐碩的果實。像這樣換個說法，讓人改變想法，就能減輕不少壓力。

我也常使用換個說法這項技巧。

當我感到不安時，會在心裡告訴自己「這不是不安，是修行」，將不安的感覺減至最小。如果失敗或是出了疏失，就要像前面說的，換個說法，改成「發現課題」，就能得到解決問題的線索。這麼一來，壓力會減輕，心裡關注的不再是疏失或失敗，而是如何解決課題，促使自己成長。

商業界也常使用換個說法。

例如將外形難看的蔬菜命名為「有苦衷的蔬菜」、湖池屋將大豆蛋白質做成的炸酥塊命名為「無罪炸酥塊」，大為暢銷，這全都是換個說法。

以換個說法來提高價值，使其成為更具魅力的商品或服務。

下頁表格是我的換個說法用語。請務必也試著做出自己的版本。

柿內流・對自己說的「換個說法用語」

原本的用語（BEFORE）	換個說法用語（AFTER）
成長	蛻變
失敗、疏失	發現課題、察覺
抱怨、牢騷	課題、察覺
好麻煩	升級
自我肯定感低、沒自信	超謙虛
沒幹勁	休息時間、作業時間
討厭	多樣性、不同的觀點
執著	堅持
不安、操心	修行
老化	進化
討厭的事	機會
同儕壓力	弱勢群衆的聲音
疲勞、好累	我很努力
憤怒	搖滾（音樂）
管理	長期投資
會議、協商	比賽
嫉妒	檢視自我
成果	達標
假設	設計未來
笨蛋、傻瓜	可憐人
業績	幸福的數值化
節食	節約時間
下雨天	護膚、天然加溼機
大熱天	天然排毒
肚子餓了	內臟休息
妥協	雙贏
緊張	挑戰
責任	信賴
交涉	三方皆贏
忍耐	遊戲
煩躁	吃甜食時間、深呼吸時間
最糟的一天	已經在最低的地方了，接下來只會更好
無聊	投注的心思不夠
懦弱	溫柔
有趣	龐克搖滾（音樂）

表達技術⑥比喻

「比喻」是表達技術的全壘打王

「○○界的UNIQLO」。

「○○界的星巴克」。

聽人這麼說，就算是沒聽過的公司，也很容易想像出是一家怎樣的公司。

以身邊的事物來比喻，也是一種表達技術。

藉由比喻，能讓人將想像視覺化、覺得與自己切身相關。

「電腦是人類心智的腳踏車。」

這是史蒂夫．賈伯斯說過的話。

「人類心智的腳踏車」，是很帥氣的比喻。

我在前一本著作大量活用比喻，「例如」一詞用了大約五十七次。

在此舉個例子。

「新的點子會跑出腦外，與意想不到的事物邂逅，就此誕生。

「例如曾經爆紅的『大便漢字練習』。它創造出『大便』與『漢字練習』的邂逅，當真是很出色的創意。」

談完抽象的內容後，加入具體的比喻，會比較容易表達抽象意義。

這就是比喻的一種用法，能幫助對方將想像視覺化。

那麼，該以怎樣的東西來比喻才好呢？

重點是**挑選對方「容易理解的事物」**。如果對象只有一人，就選他最容易理解的東西；如果對象不只一人，就選大家都容易理解的。

例如面對喜歡足球的後輩，前輩可以這樣表達：

「人們說魔鬼藏在細節裡，工作也一樣，對細節的堅持相當重要。以足球來說，就像控球。因為控球失敗而失分的場面，在足球是常有的事，但工作上要是因為疏忽細節，而在控球上落敗，往往都不會有好結果。」

如果是對足球不感興趣的人，聽了或許沒什麼感覺，不過對喜歡足球的人來說，卻是個容易想像的比喻。我也喜歡足球，所以聽別人用「控球＝細節」來表達，會覺得深有同感。

另一方面，向多人表達時，不該使用像足球這種不見得大家都喜歡的比喻，要以人人都容易理解的事物來舉例。

比如食物或餐廳，或是目前正蔚為話題的新聞，會比較容易傳達。

「人們說魔鬼藏在細節裡，工作也一樣，對細節的堅持相當重要。像有的餐廳明明餐點很好吃，玻璃杯上卻留有指印，且服務不佳，會讓人覺得不愉快，對吧？並不是說好吃就行，會讓客人高興的細節也要徹底做好，不能偷工減料。工作也和餐廳一樣，如果對細節偷工減料，往往展現不出好成果。」

像這樣，**比喻方式要配合對方來改變**。

運用比喻時的注意事項

比喻時要注意一件事。

誇張的比喻會造成反效果。

這是前些日子我看某本書時發生的事。

書中談到在工作中克服逆境，獲得成功的故事。在描述逆境的場面中，作者將職場全是敵人，他單槍匹馬走進敵營的情況，比喻成「手無寸鐵來到戰場」。

看了之後，我總覺得哪裡不對勁，想著，「手無寸鐵來到戰場」是怎樣的情形？他是真的想像過才這樣寫的嗎？

我想，他要表達的是前方有很大的難關在等著他，不過，說自己手無寸鐵來到戰場，就太過頭了，連帶讓我覺得之後的文章都略嫌誇大。

有時誇張的比喻，反而會造成理解上的困難。

表達技術⑦命名

取了名字就會變得特別

所謂的表達，是讓對方在腦中視覺化。

前面一再傳達這個觀念。

而用來視覺化的方法，還有「命名」，也就是取名字。

話說回來，為什麼得取名字？

這是因為有了名字後，就能**對事物有更深的認識**。為了對周遭的龐大資訊做一番整理，所以才取名。有了名字，才能進一步認識，與其他事物的差異也會變得明確。

有時取了名字後，還會因此覺得喜愛。

漫畫《銀之匙》講的是一群農業高中的學生的故事。當中有一幕場景，是他們為自己養的豬取名字。豬隻最後會成為食用的豬肉，偏偏他們還替豬取名，就此產生了特殊的情感，引發許多煩惱和痛苦。

取了名字會讓事物變得特別。

取名字能讓魅力大幅提升

取名字是表達技術之一。事物會因命名而變得更有魅力，目的變得明確，有各式各樣的效果。

例如想和朋友來趟沖繩之旅。

左邊的上下兩個選項，你認為哪一種旅行比較吸引人？

沖繩之旅

沖繩「在地美食」之旅

雖然只有一點小差異，不過，沖繩「在地美食」之旅的旅行目的明確，給人的印象似乎更為歡樂。

那麼，以下例子如何？

照慣例舉辦的公司企畫會議：

企畫會議

構思**超厲害**新企畫的會議

下方的會議感覺比較有趣，營造出會想出厲害企畫的氣氛。

命名可活用在各種場合。

例如替孩子擬訂學習課表時。如果想讓孩子更快樂地學習，就不要在課表上寫「算數」「國語」，試著寫下「不拿手的算數攻略大作戰」「學會三十個國字就能吃點心的時間」等，改變課表上的名稱。只要花心思，對方的感受就會變得不一樣。

為預定行程命名，時間的價值也會提高許多。

例如記事本上不寫「與A先生協商」，而是寫成「與A先生針對未來的業界討論的聚會」；不寫「與B先生聚餐」，而是寫成「與B先生共享美食，增進感情的聚會」。要是每天都加入這樣的預定行程，一定很快樂。

此外，為了更加視覺化，我將「命名」取名為「視覺化的命名」。為本書介紹的表達技術命名，也考量了這種效果。

建商大和房屋工業有個提案，名為「無名的家事」，這也是視覺化命名成功的案例。

所謂無名的家事，指的是沒有名字的瑣碎家務。但這些家事其實都很花時間，而命名就是讓這樣的實際情況視覺化。

附帶一提，無名的家事排行榜前三名如下：

第一名　將反脫的衣服、捲成一團的襪子翻正。
第二名　將脫在玄關的鞋子收好，放進鞋櫃裡／把鞋子擺正。
第三名　補充和更換廁所衛生紙。

「無名的家事」將許多人感受到的家務困擾視覺化，是非常好的命名。

還有一個我認為很棒的命名：「在地美食」。

這個名稱我們現在用得理所當然，但當初可能就是因為有這個名字，才誕生出各種促成地方振興的美食。

在地美食與自古就有的傳統料理不同，聽說就算不是原本就有的料理也沒關係。許多料理並不拘泥於傳統，而是獨自開發而成，就此為大眾接受，像在地湯麵、在地炒麵，如今已有數不清的在地美食問世。

這也是透過命名而更加普及的例子。

在此提出一個和命名有關的問答。

作為茶飲品牌，高知名度的伊藤園「喂～茶」，聽說原本是另一個名字。

叫什麼呢？

答案是「罐裝煎茶」。

很直接的名字。

一九七〇年代的伊藤園電視廣告，有一句臺詞吆喝著「喂～茶」，從此被採用。一九八五年發售的「罐裝煎茶」，於四年後更名為「喂～茶」。

聽說改名後銷售額成長了六倍，是至今仍備受群眾喜愛的品牌。

「罐裝煎茶」若當作商品說明，取這個名字確實也沒錯，但看起來像是有魅力的商品嗎？如果當初沿用「罐裝煎茶」的話，恐怕就不會是延續至今的品牌了。這是改名後非常成功，表達方式巧妙的案例。

命名的法則

以前我曾經編過《史上最簡單的配料英語術》一書。我對內容很有信心，只要看過這本書，英語就會突飛猛進！我滿懷期待地做了這本書。

但書賣得不好，銷量奇慘無比。

幾年後，我改變書名，以文庫版重新出版。新書名叫《九成的英語會話靠中學程度的英語就能應付》，我將這本書的概念轉化為語言，用書名表達出來。

結果這次成為賣出二十萬本的暢銷書！

改變的是書名、設計、尺寸大小、價格，內容則完全沒變。一本原本賣不出去的書，卻搖身一變，成了暢銷書。我真切感受到，命名的差異在表達上帶來多大的改變。

那麼，該如何命名才好呢？

商品或服務的命名很困難，沒有什麼簡單的方法（如果有，也希望能教我！），但在思考層面上仍有可供參考的法則。

我的命名法則如下：

1　讓對方覺得和自己切身相關。

2　加入新的發現和覺察，以及共感。

3　加入關鍵字。

4　含意淺顯易懂，容易傳達。

5 步調和節奏明快。
6 簡潔。
7 大衆化。
8 搭配流行語。
9 將魅力整合在一起。
10 比喻。
11 以開頭的字造新詞（像GAFA〔Google、Amazon、Facebook、Apple四家公司的總稱〕）。

另外，像旅行、會議的命名等，在日常生活中活用命名時，別想得太難，建議試著取能讓人樂在其中、提高動機的名字。

表達技術⑧停頓

用「停頓」創造思考的時間

心理學家喬治・米勒發現，人類瞬間可以記住的記憶容量，平均為七個單位。所謂七個單位，指的是七個具有含意的資訊組塊。之後，其他的心理學家發現，其實不是七個，而是平均四個。不管怎樣，人類都是記性不太好的生物。

表達需要接收者的「牢記、思考、理解」。尤其是對話，和文章不一樣，會不斷進行，所以當這個流程不順暢時，對話就會在無法清楚傳達訊息的狀態下持續進行。

因此，「停頓」便顯得特別重要。

停頓所扮演的角色，是替對方爭取時間去牢記、思考、理解。

沒有停頓的連珠砲說話方式，難以清楚傳達訊息。說話專家雖然講話速度快，但懂得適度加入停頓。

只要緊張或是過度激動，講話速度就會變快的人，請特別注意。我自己也常這樣，所以會特別留意。

鬼故事就能讓人真切感受到停頓的重要性。

講鬼故事時，停頓很重要。我們會以停頓來呈現恐怖感。

請試著回想一下沒有停頓的鬼故事……講話速度飛快的鬼故事，不可怕吧？不斷往下說，不讓聆聽者有時間想像恐怖的畫面，也就傳達不出恐怖的感覺。

不光鬼故事，厲害的落語師或搞笑藝人，他們運用停頓的手法也相當巧妙。

停頓還能發揮其他功能，例如醞釀出對話的節奏。請留意停頓，讓對話昇華。

而像YouTube之類的影片，則是盡可能減少停頓，因為節奏快的影片比較吸睛。這是為了讓觀眾不會膩，以影片來說，有哪裡看不懂，還可以倒回去看，這是其優點所在。

表達技術⑨數字

「數字」會讓腦中的想法變得清楚明確

有一本書的書腰文案，給了我一個重大發現。書名是《別以為還有二十年，你跟父母相處的時間其實只剩下五十五天》，書腰上寫道：

「假設父母現在六十歲……二十年（父母剩餘的壽命）×六天（一年裡能見面的天數）×十一小時（一天之中在一起的時間）＝一千三百二十小時。

「換句話說，你能和父母共度的天數只剩五十五天！」

這個書腰文案列出具體的數字加以計算，將「能與父母相處的時間其實不多了」這個驚人的事實視覺化。

與其說「能和父母相處的時間其實出奇地少」，不如以數字具體呈現，更能清楚表達。

數字也是一種表達技術。

(1)你是從眾人當中選出的。
(2)你是從一千人當中選出的。

(1)這牛肉是很稀有的牛肉。
(2)這牛肉是市面上全年只賣一百頭的牛身上的牛肉。

(1)這故事有幾項重點。
(2)這故事有三項重點。

比較(1)和(2)的句子會發現，(2)**使用數字來說明，比較有「特殊感」**。

比起從眾人當中選出，從一千人當中選出更給人一種「好厲害！」的感覺。

比起說是稀有的牛肉，市面上全年只賣一百頭的牛身上的牛肉，更提高了「稀有度」。

呈現特殊感，會比較容易留在記憶中。此外，藉由加入數字，原本模糊的解析度也會隨之提升，能讓人清楚掌握住畫面。

所謂的表達，是讓對方在腦中視覺化。而運用數字，有更容易視覺化的效果。

歸納整理後，使用數字的優點有：

- **解析度提升！**
- **明白重點！**
- **呈現特殊感！**

附帶一提，書名也常用到數字。

《有九成的對話……》

《獻給新手的三千日圓投資生活》

《法國人只穿十件衣服》

以上每本都是暢銷書。透過加入數字，提高語言的強度，想表達的事也就此變得清楚。

有個方法能更有效運用數字，那就是**使用對方容易想像的數字**。

前面幾個書名提到的「九成」「三千日圓」「十件」，都是容易想像的數字。

以下句子你能想像出什麼畫面？

「農田有十公頃大。」

如果是農家的人，或許想像得出畫面，但大部分人看到「十公頃」，應該想像不出有多大吧？

這時，就要用以下這種數字。

「農田約有兩個東京巨蛋那麼大。」

下面這幾句，各位覺得如何？

(1)今天一整天，我過得很賣力。

(2)今天二十四小時，我過得很賣力。

(3)今天一千四百四十分鐘，我過得很賣力。

印象完全不一樣，對吧？

如果是一天，那就是聚焦在「今天這個日子」；如果是二十四小時，「珍惜每小時」的印象會變得強烈；如果是一千四百四十分鐘，就不太容易想像了。

再重複一次，重點是針對表達的對象，使用對方容易想像的數字。

表達技術⑩逗點

「，」（逗點）能提高表達的強度

〈春天，來吧〉是松任谷由實的名曲。

曲名中的「，」（逗點），強烈傳達出希望春天到來的想法。

「春天，來吧」

「春天來吧」

比較後，差異一目了然。

光是加了「，」，就能強烈感受到所要表達的感覺。

玩賽馬的人，比起「3號來吧」，「3號，來吧」更能呈現出真實的情緒。

有本將廣告文案集結成冊的書《教導我人生道理的傑作！廣告文案516》，

為了研究語感，我常翻閱這本書，某天發現一件事。知名的廣告文案，很常有效使用「，」（逗點）。

例如：

- **從今天起，要漂漂亮亮。**（廣告撰稿人．山本尚子，廣告商．季節集團／季節信用卡，一九八八年）
- **不可思議，超喜歡。**（廣告撰稿人．糸井重里，廣告商．西武百貨，一九八二年）
- **今天，是明天的回憶。**（廣告撰稿人．栗田廣，廣告商．SONY／手持攝影機，一九九二年）
- **回到，慢食。**（廣告撰稿人．秋元敦、矢部薰，廣告商．可果美／AnnaMamma，二〇〇〇年）
- **雖是祖地，但也是故鄉。**（廣告撰稿人．石川英嗣，廣告商．旭化成工業／相關企業，一九九七年）

如何？「，」也算是有效的表達用語吧？

如果不是以文字表達，而是說話，就要在逗點前先做個區隔，將逗點當作話語中的停頓（關於停頓，119頁有詳述）。

以名詞結尾，呈現震撼感

還有許多提升表達強度的方法。

以名詞結尾也是個好方法。

高人氣的網路媒體，報導標題常會以名詞結尾。

我曾問編輯為什麼要用名詞結尾，他們告訴我，**名詞結尾會令人在意**。

例如：

「工作上常犯疏失的人常見的五大陋習」。

這個標題是我自己想的，不過，「五大陋習」，提升了表達的強度。

如果換成以下標題又會如何呢？

「工作上常犯疏失的人，這五大陋習很常見」。

表達的內容一樣，強度卻大相逕庭。

想要提升文字的強度，還有另一種方法，那就是善用「」（引號）。只要加上它，文字馬上有大幅度強調的效果，就視覺來看，也一目了然。

表達技術⑪外在力量

對自己說的話沒自信時，要借助「外在力量」

你會不會覺得請別人幫忙很不好意思？

才沒這回事呢。借助他人的力量也是一種表達技術，我稱之為「外在力量」。

電車上，有個小朋友和媽媽坐在我隔壁。小朋友沒脫鞋，直接面向車窗而坐，鞋子就踩在椅子上。這時，媽媽說了一句話：

「隔壁的叔叔會罵人哦，快把鞋子脫掉。」

咦，怪到我頭上？當時我實在有點生氣。

或許大家也有類似的經驗。

不過，事後細想才發現，這種訓斥方式其實運用了外在力量。

小朋友都會向媽媽撒嬌，有時不管媽媽怎麼訓斥，也充耳不聞。另一方面，不認識的叔叔則有點可怕，所以，運用陌生人的可怕來傳達訊息就能發揮功效。

孩子不聽話時，利用外在力量頗具效果。

自古就有「警察來囉」「鬼來囉」的訓斥方式，正是利用外在力量來管教。

出版界也有一種活用外在力量的表達方法，叫作「掛名推薦」。也就是請名人推薦新書，借重第三者的力量來傳達該書的魅力，提高信賴感。

像這樣活用第三者的力量，正是外在力量的好處。

善於表達的人，會刻意利用外在力量，以此讓人產生信賴感。

「專家推薦」「榮獲〇〇獎」「電視介紹」等，都是同樣的道理。

向人推薦酒或麵包時：

「這是很好喝的酒。」

「這是在比賽中贏得金牌，很好喝的酒。」

「這麵包很好吃哦。」

「這是電視上介紹的知名麵包店的麵包，很好吃哦。」

以上例子，都是後者較能傳達出魅力。

外在力量vs外在力量

某家公司的部長曾向我諮詢：

「部屬都不聽我的話。最近社群網站上的網紅總是大放厥詞，說什麼『喜歡就該放膽去做』『沒意義的事就拋向一旁』，部屬受這種言論影響，現在都不聽我的話。有些事就算沒意義，也非做不可啊……」

聽說現在有這種煩惱的經營高層相當多。在此先不討論是否喜歡就該放膽去做、沒意義的事就該拋向一旁，不過，這可說是外在力量反向發揮影響力的狀態。

這時，如果應用其他外在力量來傳達，會是怎樣呢？

「話雖如此，但你知道嗎？人稱經營之神的○○曾說過完全相反的話，現在備受矚目的○○也說過一樣的話。不管是不喜歡的工作，還是乍看覺得沒意義的工作，都要試著去做。」像這樣，運用支持自己的想法的外在力量。

使用外在力量時，要特別注意，若是用法錯誤，會讓人對你的信任度下滑。

沒有自己的想法，一味地使用外在力量，便是錯誤的使用方式。

例如轉達主管講的話，然後告訴對方「主管是這樣說的」，這不是出於自己的想法，而是別人的吩咐。採用這種說話方式，會被視為沒有主見，難以獲得對方的信賴。外在力量是用來表達自己的想法，請掌握這個原則，善加運用。

表達技術⑫對對方有利

從「對方有利」的角度引導出Yes

「我開口向人邀約，幾乎都不會被拒絕。」

很有異性緣的朋友曾說過這句話。

為什麼不會被拒絕呢？我詳細詢問原因。

「因為我都會**讓對方覺得有利**。」

就這麼簡單？我心裡感到納悶，但朋友說就是因為這麼做才沒被拒絕。

「舉例來說，如果對方喜歡棒球，又是廣島鯉魚隊的死忠球迷，我就拜託他『我想看鯉魚隊的比賽，希望你能帶我去』。有人對自己喜歡的球隊感興趣，這對球迷來說是很高興的一件事，而且迎合對方去邀約，還能得到自己不會去做的全新體驗，也很快樂。」

原來如此，這就是從「對方有利」的角度來邀約。以前的我，一直沒能做到這點，有事向人說時，也都是以「對自己有利」的角度來傳達。

將第56頁「以對方為主」這個想法落實在表達技術中，便是「對對方有利」。不光是想到對方，表達時還要進一步讓對方覺得「賺到了！」「太好了！」「真高興！」，這才是「對對方有利」。

有一次我在餐廳點完菜後，餐點遲遲沒上桌。

這時，服務生對我說：

「真對不起，我們現在正努力烹煮美味的菜餚，請您再稍候一會兒。」

聽了滿高興的。

雖然等候的時間拉長，但服務生這句話給人信賴感，讓我對菜餚滿懷期待。

如果服務生說，「現在很忙，不好意思，請您再等一下」，就有點遺憾了。

就算是處於負面狀況，也能藉由「對對方有利」的方式來表達，轉負爲正，扭轉情勢。

不過，不時有人會搞錯，誤用了「對對方有利」這項表達技術。

例如以下案例。

這是某保險公司的業務員到我家推銷時的事。

「我認為這份保險對柿內先生來說，極具意義。要是您生病了，它能給您很完善的保障。日本人當中有××％的人患有三大疾病，所以您也有這個可能……」

這全都是對對方有利的話，只不過聽他這樣說，明顯感覺得出來，他不是真的替我著想才說這些話，只是想向我推銷保險。

差異何在？我認為在於**對對方的興趣和關心，以及是否眞心爲對方著想**。我那個開口邀約都不會被拒絕的朋友，當然是因為對對方感興趣，但這位保險業務員對我沒興趣，他只想兜售商品。心意，對方都能感受得到。

從「對對方有利」的角度來拒絕的方法

拒絕他人時，不考慮對對方有利，可能會使對方感到不耐，例如下面這個狀況。

當前輩委託處理公司內部的急件時。

前輩：「這項工作很緊急，你可以處理嗎？」

後輩：「我現在很忙，沒辦法處理。」

要是直接這樣說，前輩或許會感到不耐。

同一件事，如果改用另一種表達方式，對方的反應將有所不同。

前輩：「這項工作很緊急，你可以處理嗎？」

後輩：「我目前在推動A計畫，為了展現成果，把心力都投注在上頭。所以要是現在就得處理急件，實在有困難。如果忙完了，就能幫忙。」

A計畫是前輩也希望成功的工作。這樣表達後，前輩會發現，現在委託後輩處理急件是有困難的。

不直接拒絕對方，而是轉換一下，從對方有利的角度來表達。

那麼，要如何轉換成對對方有利呢？

①別將腦中浮現的話語直接告訴對方。

②想像對方腦中上演的「情況」。思考對那樣的情況來說，什麼有利，什

麼不利。

例如前輩指派工作時，後輩要想像前輩腦內的小劇場。

「要是我拒絕這項工作，前輩想必會臭臉。」

「不過我現在很忙，沒辦法接下工作。會這麼忙還不是因爲前輩和我都想成功辦好A計畫，爲了它忙得不可開交。」

「對前輩來說，A計畫失敗也是一大損失。」

例如剛才那家遲遲沒上菜的餐廳，服務生應該是想像過顧客腦中上演的狀況。

「也許會對出菜太慢感到不耐煩。」

「客人來到店裡是想吃美味的菜餚，享受餐點。」

服務生就是想到這點，才會說出那樣的話。

③以對方爲優先，或是不造成對方不便，以此傳達優先度較高的事。

要用這樣的流程來思考。

比如在勸告對方，或是請對方注意時，如果照實直說，恐怕對方會有情緒反應，有時甚至會大吵一架。這種時候，要以對對方有利的方式來表達。

即使是勸告，表達時也要讓對方覺得有利。不過，我還想推薦大家一個方法，那就是用**「誇獎、勸告、誇獎」的包夾方式來表達**。

用誇獎包夾勸告，給人的印象會大幅改變。

最後，希望大家在思考對對方有利這件事時能注意到，**不要跟「藉口」搞混**。找出對方和自己都能接受的點很重要。

表達技術⑬三好

加入「三好」，興趣和注意力就此提升

內人曾對我說：

「有不要的報紙，可以幫我拿回來嗎？」

但我壓根兒忘了這件事。

後來她又再拜託我，但不管說再多遍，我還是忘了。

我的健忘可能惹惱了內人，她改變說話方式：

「報紙是要用來鋪在垃圾桶內側。以前我都是用便利商店或超市的塑膠袋，但是用報紙比用塑膠袋更環保，而且現在塑膠袋得花錢買。」

聽了這番話後，「報紙的必要性」才進入我腦中。之後我都會拿報紙回來，再也沒忘記。

之前她只說「請拿報紙回來」，我馬上忘記，後來談到省錢以及和環境息息相關，事情馬上深深留在記憶中。我認知到這對我、對內人、對社會來說，都是好事一樁。

提高人的興趣和注意力的三個要素，分別是「對我好」「對你好」「對社會好」。

你在餐廳詢問：「今天的推薦料理是什麼？」

要是有人這麼說，你覺得如何？

「今天的推薦料理是您最喜歡的牛排。牛排的肉味濃郁，且很有咬勁，大家都覺得好吃，頗獲好評。由於油脂少，您不愛吃肥油的家人應該也會喜歡。另外，牛採用的是減少溫室氣體排放的飼養方式，是友善環境的一種肉品，並在良好完善的

牧場飼育而成。您覺得呢？」

聽到人家這麼說，會很想點一份牛排吧？

對我好、對你（家人）好、對社會也好。

這三個要素（三好）也是一種表達技術。

如果有一張具備三好的椅子，你覺得怎麼樣？

「這張木椅就算久坐也不容易累積疲勞，很適合遠距工作者。還有，這椅子使用的是有溫度的木頭，就算是冬天，坐上去一樣不會有冷得讓人打哆嗦的冰冷感，所以很推薦給高齡者使用。且木頭用的全是疏伐材（譯註：爲了讓樹林中的林木維持足夠的間距，以獲得充足的陽光，會砍伐部分樹木，取得的木材就是疏伐材），所以對環境也很友善呢。」

如何，是不是很想買呢？

聽說最近人們對活躍於江戶時代到明治時代的「近江商人」有一番全新的評價，因為近江商人「三方都好」的想法很符合現代，備受好評。「賣家好」「買家好」「世人好」，是與三好緊密連結的思維。

與自己切身相關，興趣和注意力就會提高

這裡有兩個「禁止小便」的標誌。

請問這兩個標誌，哪個比較有效？

這個問題，我常在上臺演講的一開始提出來，用來吸引聽眾的注意。

為什麼要這樣問呢？因為它有幾個容易讓人產生興趣的要素。

首先是「小便」這個主題。每個人都有辦法想像吧？**「不陌生」「共通」「容易想像」**，這種話題就容易理解。

第二個要素是「提問」。**藉由問答的方式，得到「在腦中思考一遍」的過程。**如此一來，主題就容易變得與自己切身相關。

第三個要素是「鳥居的插圖」。鳥居與小便，乍看之下八竿子打不著關係的東西連在一起，**會令人產生「咦？」的情緒波動**。藉由情感起伏，提高對方的興趣。

那麼，我們試著來比較這兩個標誌。

上方的禁止小便標誌，一看就知道它想傳達的意思。如果只是一句「禁止！」，有時會讓人反感，也有人根本不在意。

在一些禁止丟棄垃圾的場所，就算立有「禁止亂丟垃圾！」的看板，還是有人當沒看見，繼續丟垃圾。

不過，要是看板上不只寫「禁止亂丟垃圾！」，改為以下內容，各位覺得如何？

「禁止亂丟垃圾！亂丟垃圾者將會遭遇不幸。」

這樣大家就不太敢亂丟垃圾了吧？

再進一步這樣寫如何？

「禁止亂丟垃圾！不幸造訪了亂丟垃圾的五個人。」

這麼一來，人們絕對不敢再丟了。

看到不幸造訪了丟垃圾的五個人，馬上會覺得「和自己相關」。

某個停車場有一則警告標語：

「擅自停車者，除了會對輪胎洩氣外，還會收取一萬日圓以上的停車費。」

「除了會對輪胎洩氣外」的表現方式，展現出強烈的態度，讓人比較容易想像如果擅自停車會有什麼後果。

對了，禁止小便的問答題，我還沒解說。

答案是「兩者都有效果」。

聽說貼上鳥居插圖後，不光小便的情況減少，民眾也不敢亂丟垃圾了。所以為了防止亂丟垃圾，不時能看到鳥居的插圖。

如果別人直接對你說「禁止」「不行」，很難覺得與自己有什麼關係，但鳥居會讓人覺得「汙損鳥居會遭天譴」，使人較容易切換想法，覺得和自己切身相關。

在減少亂丟菸蒂的對策方面，有個有趣的案例。

街上的菸蒂桶，如果只是那樣擱著，很多人不會發現它的存在，因此出現了新設計的菸蒂桶。國外有些地方會在菸蒂桶上方提問：「梅西和羅納度，誰是世界上最厲害的足球選手？」讓人們投票。加入這種有趣的設計後，人們就會認為這和自己有關，而想主動參加。

這些是三好衍生出的「三事」，「我的事」「你的事」「社會的事」，也能作為表達技術加以活用。

表達技術⑭脈絡

建立成功表達的脈絡

「你是笨蛋嗎」，這是瞧不起人的話嗎？

如果只聽這句話，會覺得是侮辱人的話。

那麼，如果是下面這句呢？

「竟然整晚熬夜練吉他，你是笨蛋嗎？」

這種情況下的「你是笨蛋嗎」，沒有侮辱人的意思，反而是在向對方表達：

「你好厲害！」

另一方面，「同樣的事要講幾遍才懂？你是笨蛋嗎？」

這句話則成了嚴厲的批判。要是主管對部屬說這種話，或許會構成職權騷擾。

明明是同一句話，想表達的意思卻完全相反。這就是語言的複雜之處。

不同點在於「脈絡」。所以，建立脈絡很重要。

脈絡能引導出前後文的關係和背景，如果無視脈絡，文字的意思將會完全顛倒，或是搞不清楚真正的含意。

我二十多歲時，曾因為工作，被某位演員揍。演員動手揍我的原因，是我自己造成的。

因為雜誌的工作，我和那位演員共事，後來刊登出的雜誌頁面有惹怒他的原因，我卻搞錯他生氣的點。

因為我沒搞懂脈絡，兩人展開了一段雞同鴨講。

不管他怎麼說，我還是沒搞懂，想必他也因此突破了忍耐極限。當然，打人的行為是不對的，但我也因此親身體驗到，沒搞清楚脈絡會惹怒對方。

表達時建立脈絡的三個重點

不過，確實有人不擅長解讀脈絡，以前的我也是如此。這種人常做的，就是

「撿單字」。

只對話語中的「單字」有反應，完全忽略脈絡的流向或連接詞和助詞。舉例來說，他們會直接認定「笨蛋＝侮辱的字眼」。

面對這樣的人，簡單易懂地傳達脈絡尤其重要。

那麼，又該怎麼做呢？

脈絡必須考慮以下三個要素：

(1)目的、目標。
(2)前文。
(3)後文。

比方父母在提醒孩子時，如果沒表達清楚脈絡，孩子只會覺得自己挨罵了。

「過馬路如果沒好好看左右兩邊，仔細確認沒有來車，絕對不能走哦。就算其他人過了馬路，也不見得安全。」

這樣告知，有些孩子會覺得父母是在訓斥他過馬路的方式不對。

這時，要好好建立脈絡來表達。

「①你不想被車撞對吧？②最近這條路曾發生交通事故，有人被車撞。過馬路時，有時司機會看別的地方，而沒注意到你。所以，要往左右兩邊看，確認沒有來車後再走。不要因為其他人過了就覺得安全。③你要是被車撞的話，爸媽會很難過的。我們約定好囉。」

如果有這樣的脈絡，就能清楚傳達父母是擔心，而不是生氣。要講得這麼具體並不容易，但在表達重要事情時，確實有其必要。

有脈絡的表達方式，可分解成以下三項。

①目的、目標

父母的目的是希望孩子不遇上交通事故，提醒孩子好好過馬路。表達時，要讓孩子真切感受到這件事。

・你不想被車撞對吧？

②前文

・最近這條路曾發生交通事故，有人被車撞。

・過馬路時，有時司機會看別的地方，而沒注意到你。

③後文

・你要是被車撞的話，爸媽會很難過的。我們約定好囉。

這麼一來，孩子會了解父母的關心，並知道這是在提醒他注意而接受。

我因工作認識A先生，他曾邀我一同用餐。

A先生負責訂餐廳，他在決定店家時，問了我一個問題：

「柿內先生常和人聚餐嗎？順便問一下，你在和我聚餐的前一天、前兩天，或是隔天、兩天後，如果有預定要和人聚餐，可以先告訴我你要吃什麼嗎？」

這和脈絡不同，不過也是考量到情況的用心。

附帶一提，脈絡不光只有語言。

如果擺出不悅的臭臉，就會傳達出不悅的氣氛；如果說話輕聲細語，便能傳達出溫柔的氛圍。**用何種表情、何種聲音傳達，也算是脈絡的一種**。

有脈絡，話語才有含意。所以要是跳過脈絡，就傳達不出話語的意思。

不了解脈絡容易引發誤會

以前曾發生過這麼一件事。

「帽子在哪裡？」

我什麼也沒說明，就突然問內人。

「你說的是哪頂帽子？」

對內人來說，她完全不知道我說的是什麼帽子。

我腦中的畫面是「黑色鴨舌帽」，但也沒細想，就脫口說出：「帽子在哪裡？」這是漏了前文的案例。這種情況不只發生在家庭，職場上也常發生，對吧？

一旦不了解脈絡或前提，對方就會處在滿是問號的狀態。說話者或許心想自己知道、對方也知道，是理所當然的事，但在不知道脈絡的情況下還能理解對方說的話，根本就是特異功能。

即使很麻煩，還是要仔細把話說清楚，讓人了解脈絡才合理。希望大家能避免一下子就進入正題。

看書時，就算沒一字一句細讀，也能明白整體含意，這也是因為看懂了脈絡。所以只要先理解脈絡，就能大致翻閱一下。

表達方面也是一樣的道理。為了讓人大致理解，必須先傳達脈絡。

表達技術⑮傳達結論

「結論優先」與「結論最後」的使用區分

職場上常有人說，**善於說明的人會先說結論**。

的確，在不知道結論的情況下，聽又臭又長的陳述理由或說明，實在很沒效率。站在聆聽者或閱讀者的立場來看，在不知道結論的情況下持續聆聽，難以思考接下來的發展，會感到煩躁不安。

我以前聽過一個故事，某位知名經營者因為太過忙碌，會議時間都以五分鐘為單位，因此必須在五分鐘內核准多項案件。如此一來，與會者勢必先說結論才行。

在大部分的場合，結論優先通常比較容易清楚表達，不過有些時候還是結論擺最後比較好。之後會說明。

先說結論的情況，流程大致是：**確認論點↓結論↓理由**。

我認為在說結論前先確認論點比較好。

一開頭便先說結論，對方會聽得一頭霧水，心想：「這個人到底在講什麼？」這就是前面提到的脈絡。

工作和日常生活都很忙碌的人相當多，所以我們無法一一牢記每件事。對表達者來說，記得自己要說的事理所當然，但對方不記得的情況其實出奇地多。所以若能從「對方可能已經忘了」的角度來溝通，就會順暢許多。

這很重要嗎？或許有人會這麼想。

沒確認論點就開始談話，會使原本講得通的事，最後溝通不良。我也曾多次遇過這種情況。

有時將結論擺在後面比較好

官司在宣布審判結果時，會先宣讀「主文」（結論），再告知「判決理由」，這是基本原則。不過，在審判重大案件時，有時會將主文擺後面，先說出理由，最後再宣讀主文（結論）。

聽說這是為了讓人仔細聆聽判決理由才做的安排。不過，結論到底要先說還是後說，在工作或日常生活中也有必要區分開來。

例如：

・傳達嚴重的事情時。

・向顧客傳達商品或服務時。

這種情況，結論擺後面通常比較好。

在對方還不知道原因和背景的階段，突然告知結論會有風險，這時應該將結論擺在後面。

根據對方和談話內容，判斷結論擺前面還是擺後面比較好，區分使用。

表達技術⑯將直覺化爲言語

將大家心中的「直覺」化為言語

「讓這無趣的世界變得有趣。」（高杉晉作）
「有志者事竟成。」（亞伯拉罕．林肯）
「這不是職業，是我的人生。」（史蒂夫．賈伯斯）

以上每句話都被奉為名言。這三句話我都很喜歡，也將它們寫進筆記本裡。名言就是因為傳進很多人心底，而成為名言。

換句話說，名言是「打動人心的話語」。

為什麼這些名言會進入許多人心底呢？其中暗藏著打動人心的表達方法。關鍵在於，**將直覺化爲言語**。

行銷用語中，常用到「Insight」（洞見）這個詞。所謂的Insight，意指沒徹底化為語言和視覺的潛在意識。

為了更容易理解 Insight，我將它改成**「尚未顯現的直覺」**，並在工作上時時面對這樣的直覺。

例如我在構思書名或書腰文案時，會思考潛在讀者心中的直覺，努力將它轉化為言語。這個過程相當燒腦。正因為這樣，我會讓腦袋全力運作，認真思考。

我經手過《空腹是最佳良藥》這本書，企畫和書名就是考量到直覺。該書提倡十六小時斷食，藉由禁食十六小時，引發細胞自噬作用，具有健康功效。託大家的福，這本書成為暢銷書。

該書主題是「空腹會對身體帶來良好的影響」，而經過多方調查，得知以下幾件事：

- **吃完東西後覺得慵懶、想睡的人相當多。**
- **有人其實不是很想吃，卻還是勉強自己一天吃三餐。**

這時的直覺如下：

・沒進食而覺得肚子餓的狀態很舒暢。
・隱約明白斷食有益健康。
・不進食的時候，一方面覺得難受，一方面又感到愉快。

發掘心中的直覺，配合主題想出的言語，就是「空腹是最佳良藥」這個書名。

那麼，該如何發現直覺，將它轉化為言語呢？

那就是**「自問自答」**。

自問自答是反覆提問，往自己內心更深處去探尋。

摩斯漢堡的「味道濃厚的吐司麵包，讓人忍不住想說，或許不需要抹奶油」，不就是將直覺化為言語，成為熱銷商品的案例嗎？

堅持品質的吐司風潮，從以前就開始了。以口味或品質為賣點的吐司專賣店，在各地蔚為話題，而摩斯漢堡發現了另一個深層的直覺，將之化為言語，那就是「或許不需要抹奶油」。

各地都有麵包店製作堅持品質的吐司，而吐司的最佳夥伴之一，就是奶油。吐司抹奶油的組合確實可口，我也情有獨鍾。

這是過去一直顯現在外的需求。

因此，在此展開探尋直覺的自問自答。

奶油和吐司是最佳組合

↓爲什麼奶油和吐司很搭呢？（Why）

↓濃郁、香氣、口感……

↓就算沒搭配奶油，也能展現出可口風味的吐司。

不僅吐司本身的魅力提升，也省去抹奶油的時間。

↓要怎樣才能辦到？（How）

像這樣自問自答，反覆提問，就會越來越接近直覺。這是我想出的問答內容，我不知道該商品是否實際經過這樣的程序才問世，但只要對這樣的小疑問或發現展開自問自答，就能拓展想法。

將直覺化為言語時，可使用搭配法、錯開法、歸納法等思考技術。請看下頁表格的說明。

思考技術

技術名稱	說明
搭配法	沒見過的文字和見過的文字相互搭配的方法。 藉由搭配產生新的價值。從商品開發到打造品牌，都能廣泛運用。
念珠聯想法	將見過的事物與想像得到的事物串連在一起的方法。 從既有事物中發現新魅力和價值時可使用。
錯開法	將現有價值拋到一旁，創造出全新價值的方法。 錯開魅力、錯開市場、錯開目標對象等，當商品或服務越來越難賣時可使用。
跳脫二擇一	一次解決兩個課題的思考法。 被迫選擇時，不是以or來思考，而是以and來思考。
歸納法	將零散的事物整合，賦予價值的思考法。 想創造出全新魅力時可使用。
要是有就好了	成爲倚賴哆啦A夢拿出祕密道具的大雄，以此展開的思考法。 用來創造出全新價值。
360度分解法	全方位對主題展開因數分解，逐步找出構成要素的方法。 能理解構造。
正面價值化	將負面印象的事物替換成正面事物的方法。 能掌握弱點的根源，找出解決方案。
大富翁法	製作大富翁遊戲，從終點處回推的思考方法。 想找出抵達終點的最短距離時可以使用。
找出眞面目	發現潛藏在人心中「看不見的心理」的方法。 藉由了解無意識下的眞面目，找出解決方案。

專欄 從居酒屋的滷味學到的表達要訣

這是在居酒屋常見的滷味。
如果是你，會怎麼向人表達
滷味的美味呢？

表達的要訣，用傳達滷味有多可口便可說明。

如果是美食評論家，大概會用以下方式表達吧。

「細心處理新鮮內臟，這個步驟很不簡單，所以才會完全沒有腥味。而且使用了紅酒和味噌，並加入提味用的醬油，味道頗具深度……」

這是對滷味最基本的魅力採用深入的表達。

也有這樣的表達方式。

「淋在熱騰騰的白飯上享用，超好吃！」

這是對滷味的魅力採用擴散式的表達。

此外，也有聚焦在店主身上的表達方式。

「使用自創業以來傳承了五十年的醬料，加上老闆自行改良而成。老闆原本是法國料理主廚，但在邂逅前一任老闆後，深受滷味吸引，再三向不收徒弟的前任老闆懇求，才成爲他的徒弟……」

這是使用故事來表達。

如果要用影像來傳達，就要邊吃邊笑容滿面地說：「好吃！」這是以外表來傳達滷味的可口。

如果有哪家滷味名店搭配了這些方法，一定會很想去光顧吧！

成功表達者實踐的四大行動

善於表達的人不做無謂的努力

「大人都不懂！」

我年輕時常把這句話掛嘴邊。

現在的年輕人應該也一樣，在心裡想大人都不懂吧。

對年輕人來說，「大人都不懂」是永遠的課題。

為什麼大人都不懂年輕人呢？

大人也曾經是年輕人，或許時代改變，但還是能了解年輕人的感受才對。

不過，因為經驗和年齡增長、環境的改變、牽絆等各種原因，造成想法上的變化。現在回頭看過去的自己，往往無法理解當時為什麼會那麼做。

其實這個問題的本質，不能光憑大人和年輕人就一刀切。

最根本的原因在於，人原本就不了解他人。

不論是在職場上面對工作夥伴、夫妻之間、朋友之間，還是面對客人，想表達的事如實傳入對方心裡，這種事基本上不會發生。

「喂喂喂，你針對表達說了那麼多，現在又說這種事不會發生，這不是互相矛盾嗎！」

或許你會這麼想，但不是這樣。

腦科學家西剛志先生說過：

「溝通技巧好的人，是明白自己和對方的腦袋看到的世界不一樣。」

例如聽到「夕陽」一詞，你會想像怎樣的場景？

同樣是夕陽，非洲大地的夕陽與東京都中心的夕陽，印象截然不同。雖然聽到的是同一句話，但每個人心中想像的畫面不一樣。

所以，「表達」一點都不簡單。

原因在於腦中的成見。成見不光受遺傳和性別影響，也會因生長的地區、環境、經驗、知識而改變。

有一百人，就有一百種樣子。這就是腦中的成見。

例如在表達紅酒有多好喝的時候，如果是侍酒師之間，或許會用不同的表現方式，傳達紅酒的香醇，讓彼此有更進一步的了解。

而當侍酒師在餐廳面對不熟悉紅酒的客人時，要用對方能理解的話語來表達。酒有多好喝，不能光憑味覺，也能藉由嗅覺、知識等各方面去感受，所以侍酒師與客人對於紅酒的風味，在感覺上有很大的差異。

這是無可奈何的事。所以，表達與理解相當困難，即使表達了，最好視為「已大致傳達」，才是明智之舉。

話說回來，**表達原本就是從「無法傳達」「讓人明白眞難」的前提開始**。

我認為要先從這個前提展開，最後「成功傳達」「相互理解」的情況才會增加。

如果要和腦中的成見抗衡，該怎麼做才好？

首先得**「看開」**。

這不是要你停止表達，而是要以看開為起點。

「看開」常被當作負面的詞語，不過它有兩個不同的含意。

開。

一是**「死心」**，意思是拋下一切，不再執著。常用作負面含意的，就是這種看

另一個是**「查明」**，意思是讓事情清楚明白。

在表達上，需要這兩種看開。

56頁提到，表達要以對方為主。不過，不執著於全部傳達清楚，**將「爲什麼對方不能理解」的原因查明**，才算是以對方為主來思考。

我用這本書向各位傳達的方法，目的即是如此。

「為什麼我都這樣說明了，還是無法成功表達呢！」

「怎麼都聽不懂，他是笨蛋嗎！」

或許你會產生這種情緒，但與其否定對方，不如採取自己能做到的表達策略，比較能減少焦躁，對自己也比較好。

善於表達的人用「溫柔」當武器

我認為善於表達的人，是懂得替對方著想、溫柔的人。
有人只會想到自己，只說自己想說的話。
有人會替對方著想，會為了讓對方明白而努力表達。
哪個人說的話會傳進對方心裡呢？

想讓對方明白，懂得替對方著想的人，能獲得他人的好感。

表達時只要帶有體貼對方的一分溫柔，就行了！

話雖如此，並不是要大家為了這個目的磨練心性，而是花點心思在「溫柔」上，就有意義。

舉例來說，當無法清楚向對方表達想法時，是不是會感到煩躁呢？我也會。

這分煩躁也會傳達給對方。

想表達的傳不出去，心中的煩躁倒是很快就讓對方感受到了。就是這樣，對吧？

煩躁傳出去後，對方也會感到煩躁或害怕，情緒為之起伏。如此一來，原本想表達的事，會變得越來越難傳遞，變成惡性循環。如此便無法達成表達的目的，連想避免的壓力也會緊緊跟隨。

這時，「溫柔」能成為武器。

要是感到煩躁，就在心中低語：「成為溫柔的人吧。」

一面想像對方腦中的想法，一面運用表達技術溫柔地傳達。

光是這樣做，就會有很大的改變。

請容我稍微岔開話題。

這是發生在帝國飯店「老式帝國酒吧」的故事。

在這家酒吧，要再加點一杯酒時，各位知道酒保會將第二杯酒放哪裡嗎？

答案是「客人的第一杯酒擺放的位置」。客人往往會把第一杯酒移到自己最方便喝的地方，或是想放的位置，所以第二杯酒，酒保會直接放在客人決定的位置。

這就是替對方著想的服務。

服務業的基本原則是「顧客第一」，表達需要的也是以對方為主來思考，正好與這種思維相通。

生氣和不高興，都會讓表達失敗！

坐計程車時我曾碰過司機很煩躁，動不動就按喇叭，且喃喃自語，猛發牢騷。司機和我聊了幾句，不過，他煩躁的態度令我感到不舒服，雖然我會答腔，但心不在焉，完全不記得對方講了什麼。

「生氣」「不高興」「害怕」，這些狀態都是表達時的大忌。

人會根據負面的情緒來接收資訊，如此一來，往往會對接收到的資訊抱持否定的看法。而且，因為注意力都轉向負面情緒，因此不太會留意重要的資訊內容，結果造成表達失敗。

我們是人，所以會煩躁，也有想生氣的時候。

但在表達想法時展現出這種情緒，就會導致令人遺憾的結果。

從事管理工作的朋友對我說：

「因為希望部屬成長，有時我會忍不住生氣，或是說話語氣重了點，這都是為他們著想。所以就算你叫我別生氣，還是很難辦到。」

的確如此。

不過，目的是要讓對方成長，不是生氣。為了達成讓對方成長的目的，使對方理解並接受你想表達的內容，這點很重要。為了達成目的，不生氣比較有可能成功傳達訊息。

不愉快的心情會傳染。當朋友情緒低落時，會傳出負面情感，自己也會跟著低落，你是否有過這樣的經驗呢？根據調查，聽說不高興的情緒，即使是透過社群網站，也有可能影響其他人。

那麼，湧現生氣或不高興的情緒時，該怎麼做才好？

精神科醫師和田秀樹說，平息怒火的重點在於，能**客觀認知自己現在正湧現生氣或不愉快的情緒，保持冷靜**。

生氣時不只無法好好表達話語，看在對方眼裡也會顯得幼稚，帶來很多負面情緒。所以事先學會平息怒火的方法為上策。

和田先生介紹了減輕憤怒情緒的方法。
覺得煩躁時，深呼吸三秒鐘。

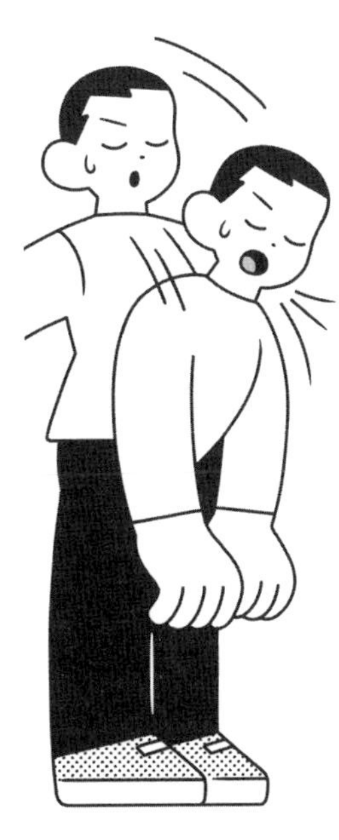

怒火湧現時，可能會造成腦部缺氧。
這時候做三秒鐘的深呼吸，把氧氣送進腦中，就能製造重拾冷靜的契機。
另外還可以吃冰淇淋冷卻怒火，藉由吃甜食來提高血糖值。吃冰涼的食物，也會讓頭腦冷靜。

當你無論如何都壓抑不了怒火時，請只生氣三秒。一直壓抑也不好，所以要微微宣洩怒氣。不過，先決定好時間，以此切換。

學會這樣的心理控制法，也有助於表達。

「就算我不說，應該也知道」引發的悲劇

離婚原因的第一名聽說是「個性不合」。各種機構做過調查，不過這個原因在每份調查中都穩居第一。

看到這份資料時，我心裡產生了疑問。

據某資料顯示，戀愛結婚的比率是八七．九％。交往期間長短不一，不過，幾乎大部分都是在認識對方、喜歡對方之後才結婚。那不就是對對方的個性有相當認識才結婚的嗎？為什麼又會個性不合呢？（雖然也有人是婚後態度丕變。）

聽說離婚的夫妻有以下常見的特徵：

溝通少。

不太關心對方。

和家人共度的時間少。

不太聽對方說話。
覺得自己的意見才對。

會造成這種感受的原因，就在於「就算我不說，應該也知道」的心思。

導致不滿的元凶，是不肯表達

不限於家人和夫妻之間，工作職場也常發生這種狀況。
人們常說，工作上「報告、聯絡、商量」很重要，這都與表達有關。
平時一起工作的人，彼此容易產生這樣的想法：
「就算我不說，應該也知道。」
「這件事應該可以共享才對。」
不過，其實有些事無法共享，也無法相互理解。
我沒聽說、不知道他在想什麼等，會陸續萌生這種不滿的種子。不滿一再累積，有時就會引發問題……

之所以需要報告、聯絡、商量，就是出自這個原因。

許多問題是因爲沒表達清楚才發生。

日常生活有時就是會不小心忘東忘西。如果因其他事情分神而拖延到另一件事，請馬上表達吧。

這樣就能重新認識表達的重要性了。

這樣問，便知表達方式是否巧妙

徵才面試時，當我提出「請自我介紹」的請求，有人會一直說自己的經歷，就像照著履歷表念一樣。

很遺憾，像這樣的人，我認爲是表達方式欠佳，因爲他沒思考爲何我在面試時請他自我介紹。

面試時請人自我介紹的最大原因是，「希望你能告訴我，你是怎樣的人，你的魅力是什麼」。

話說回來，你有多大年紀，就和自己交往了多久。交往最久的人是自己。無法好好介紹自己，會讓負責面試的一方感到不安。

自我介紹是看出對方的表達方式在什麼水準的殺手鐧。

另外，還有一招。

那就是「請告訴我你的工作」。

有人會說出自己的職務或所在部門，很遺憾，我認爲這種人的表達方式同樣欠佳。

職務是你在公司裡的角色，不是工作本身。和自我介紹一樣，一般人往往也和工作交往了很長的時間，沒能充滿魅力地表達自己的工作，實在教人遺憾。

例如：

「請告訴我你的工作。」

「我的工作是○○股份有限公司的財務部長。」

這樣說當然沒錯，但只要考量對方想知道的是什麼，就會明白不是這個答案。部長是頭銜。

作爲部長的工作是管理？或是職員兼經理？還是其他呢？如果是管理，工作就是管理部屬；如果是職員兼經理，在管理部屬的同時，自己也要做○○。要從這種話題開始談起，以充滿魅力的方式進一步介紹自己的工作。這樣回答的人，才眞正善於表達。

抽象程度高的提問，能成爲試探對方在想什麼的資料。想獲得明確的回覆，得提出具體的問題，但若想多方面了解對方的想法，就刻意嘗試提出抽象的問題。

第5章

面對麻煩人物的因應之道

面對馬上否定的人

「性惡觀點」是工作上的重要思維。

在判斷自己的工作是否妥當時，**刻意用「這根本行不通嘛」的否定觀點來看，**就叫性惡觀點。也就是刻意去懷疑。

舉我的工作為例，在判斷原稿好壞的時候就能使用性惡觀點。

如果無意識地閱讀原稿，通常都會覺得稿子寫得不錯。不過，藉由刻意採取性惡觀點，可以進一步提升原稿的水準。

曾有人提問：

「公司有人對任何事都提出否定意見，這也叫性惡觀點嗎？」

不，那不是性惡觀點。刻意抱持否定的觀點看事物，與對任何事都加以否定，是似是而非的兩件事。

確實有對什麼事都抱持否定態度的人。

「這項企畫，您怎麼看？」

「這很困難哦。」並說出困難的理由。

「我能和這家公司談成生意嗎？」

「那家公司很難哦。」並說出困難的理由。

沒有替代方案，只說否定的話。

你周遭是否有這樣的人呢？

聽說只會一味否定的人，往往都不知道自己老是在否定別人。所以他們是在無意識下說出否定的看法。

為何什麼事都要否定？

理由相當多，不過，主要是藉由否定來貶損對方，拉抬自己。這算是一種**自我肯定的行爲**。

此外，也可能是**藉由否定來打壓，取得比對方更有優勢的地位**。

有時否定是因為對方比自己更受好評，**出於不想認輸的自卑感**才這麼做。

這些都是出自麻煩的情緒。

那麼，遇上這種人該如何因應才好？

老愛否定的人有個特徵，就是「局部否定」。這種人的否定，大多不是為了達成目的或目標，而是**基於個人喜好或自以爲是，而局部否定**。

如果是這樣，**只要把談話的範圍拉大就好**。

持續局部話題，對愛否定的人來說，正中下懷。針對局部去談論，這個不行、那個不成，會沒完沒了。

這種局部的談話內容，往往都是細枝末節，沒必要多說。

因此，應該趁早**改變話題**。

順利改變話題的祕訣，就是確認目標。

確認工作目標，以俯瞰的觀點來討論如何將對方的意見和想法與目標結合。

與否定你的人談話時，要時時留意目標，一邊確認是否朝目標前進，一邊與對方交談。

共享目標時，建議各位參考99頁，活用白板。如果沒有白板，白紙也沒關係。

簡言之，要讓目標視覺化。

在白板正中央寫下目標，並在周邊寫下有助於達成目標的意見或計畫。

試著寫下老是否定的人提出的意見。這麼一來，無助於達成目標的內容也能就此視覺化了。

面對無法溝通的人

《就算再生氣，也別和笨蛋爭論！》《別和傻瓜來往》，這兩本書相當暢銷。雖然不知道對方是否真的是傻瓜或笨蛋，但**如果有人不論怎麼溝通都講不聽，那麼，不勉強自己和對方溝通，也是一種選擇**。

因為你很可能花了時間，結果還是一樣。

當然，也有在教育現場，或是醫療、照護現場工作，無論如何都得溝通的角色或場合。這種時候，只要秉持「讓人明白真難」的前提就行了（參考172頁）。

人只能在自己理解的範圍內去理解，因此才會發生無論如何都講不通的情況。想辦法表達，投注時間和精力，這當然不是壞事。但**有些對象不管你花再多時間和精力都講不通**。

這時就需要「看開」。在講不通的前提下，決定好怎麼做（「看開」的意思請見

172頁）。

話雖如此，看開有時沒想像中那麼簡單。

我會做三件事：

・重新確認自己的時間價值。
・抽離情緒。
・重新確認目標。

重新確認自己的時間價值，是藉由再次確認自己寶貴的時間是否該花在這上頭，而產生看開的意識。

抽離情緒，意思就是不發怒。藉由抽離情感，可做出冷靜的判斷。

重新確認目標，是重新認知將時間花在講不通的事情上並非明智之舉。

面對雞蛋裡挑骨頭的人

在會議或討論中，有人會提出雞蛋裡挑骨頭的問題。

針對偏離主題的內容，或是明明還沒那麼深入的階段，對細節窮追猛打。

就是有這種雞蛋裡挑骨頭的人，對吧？

他們挑剔的目的何在？

如果是會議，就會發生「如果不說點什麼就表現不出存在感，所以硬要發問」「想凌駕在你之上，刻意提出很難回答的問題」等情況。

不論目的是什麼，都改變不了他們是麻煩人物的事實。

因此，對於雞蛋裡挑骨頭的人，雖然也要考量對方的立場以及關係，但若和對方的關係在某種程度之上，清楚告知也沒問題，不妨採取以下的因應之策。

「你的提問偏離今天會議的主題，請容我留作今後檢討用的資料。」

「我的話還沒說完，所以很抱歉，可以之後再談嗎？」

簡言之，就是**盡可能別讓對方加入談話之中**。

不過，這種表達方式相當直接，會有傷害到對方情感的風險。

為了避免隨意樹敵，有個謹慎的回應方法。

那就是盡量**不去否定對方**。

先**接下問題**。

喜歡雞蛋裡挑骨頭的人，往往都會逼問一些偏離主軸、細枝末節的小事，所以要在**接下問題後，再去確認目標或目的**，與面對「馬上否定的人」採取同樣的因應之策。

舉例來說，如果是會議：

「謝謝您的指教。確實就像您說的，由於今天會議的主要目的是〇〇，所以細節部分還沒準備。您指出的部分，等得到〇〇的承諾後，接下來便會著手處理。謝謝您寶貴的意見。」

避免讓討論偏離主軸。

因此要一邊確認目標，一邊考量對方的情緒和立場，再做出答覆。

面對無法開啟話匣子的人

這是與第一次見面的人寒暄後展開的對話。

A：「最近變得比較冷了呢。」

B：「是啊。」

A：「楓紅正漂亮，聽說日光的紅葉坂塞車塞得很嚴重呢。」

B：「是嗎？」

A：「這邊的辦公室感覺真不錯。」

B：「謝謝。」

A：「……關於您今天的提案……」

A問一句，B就答一句，對話無法延續。就是有這種無法開啟話匣子的人。

無法開啟話匣子有幾個原因。

【無法開啟話匣子的原因】

①不擅長說話。
②對對方沒興趣，沒興致說話。
③心情不好。
④因爲沒時間，想早點結束。
⑤對方提出的問題太差，提不起興致說話。
⑥對對方沒有好感。

諸如此類，有各種理由。

如果是①不擅長說話，也沒辦法。

有人雖然不擅長說話，但喜歡聆聽，所以不向對方拋出問題，而是握有主導權，掌握溝通節奏也不錯。

如果是④沒時間，就要迅速結束談話，也算是為對方好，所以沒必要打開話匣子。

問題在②、③、⑤、⑥。

要想突破並不簡單，不過，「提問力」可助你一臂之力。

我喜歡足球，常看比賽，在觀看比賽結束後的選手採訪時，常深有所感。

採訪者的提問力不同，選手的回答也會截然不同。

「請說說您對今天這場比賽的感想」，對於這種模糊不明的問題，選手也只能做出想好的答覆：如果比賽獲勝，就回答「要將這次的勝利延續到下一場比賽」「忘掉今天的事，從明天起著手準備下一場比賽」，諸如此類；另一方面，如果比賽輸了，就會說「會好好訓練，下次一定要獲勝」等。

若採訪者善於提問，選手會說出真心話，或是展現真心，流露出真實的表情或說話方式，說出令觀眾覺得有趣的答案。

看你如何提問，回答會變得截然不同。這就是提問力。

提問力在討論或閒聊中也能發揮作用。

提問不該「轉移」，而是要「加深」

想打開話匣子，「加深提問」很重要。

例如——

A：「聽說您喜歡跑步。」

B：「對，我常跑。」

A：「前幾天電視播出馬拉松大賽，您看了嗎？」

B：「不，我沒看。」

A：「那場大會，有許多選手都穿同一款運動鞋，您也是穿那款運動鞋跑步嗎？」

B：「不，不是。」

A：「……」

B：「……」

這是很糟糕的提問案例。

一方覺得無法打開話匣子，而轉移提問。

又因無法聊得熱絡，再次轉移提問。

這種提問之所以糟糕，還有另一個原因，就是**讓對方以Yes或No來回答**。

如果對方回答Yes，還有可能打開話匣子；但要是回答No，對話就會到此中斷。

提問時不要讓對方以Yes、No來回答，而是要讓對方說出有助於連結後續對話的提示。

如此一來，便能一步步打開話匣子。

例如——

A：「聽說您喜歡跑步。」

B：「對，我常跑。」

A：「您都在什麼地方跑呢？」

B：「我都在家附近跑。不過，旅行時也會跑。」

A：「這樣啊。旅行的話都是在怎樣的地方跑呢？」

B：「去京都旅行時就滿常跑的。京都有很多神社和佛寺的觀光景點，所以跑起來很愉快。」

A：「真不錯呢。我也很喜歡京都，也常去那裡。下次我想在京都跑跑看。您有什麼推薦路線？」

不讓對方回答Yes、No，而是加深提問。

如此一來，是不是就有可能聊得熱絡了呢？

就算對方一開始對你不太感興趣，像這樣打開話匣子後，便很有可能漸漸產生興趣。

此外，當雙方聊得熱絡時，對方原本不太高興的心情也會好轉，或是開始對你產生好感。

準確的提問，能成為溝通上的一大武器。

打開話匣子的提問要訣

打開話匣子的提問要訣之一，就是詢問對方的「喜好」。

(1)詢問對方喜歡的事物。

(2)對方喜歡的事物不光隱藏在談話中，有時也會藏在攜帶的物品裡。如果是網路視訊，有時背景會有提示，讓你發現對方的喜好。

(3)將對方喜歡的事物與自己說的話串連在一起。不只是提問，也能加進自己的故事，營造出聊得熱絡的狀態。

人在聊到自己喜歡的事物時會覺得高興，因對方對自己喜好的事物感興趣，而產生好感。

對方喜好的事物，是最棒的談話題材。

再介紹一個編輯常用的提問要訣。

採訪時，有很多機會得提問，這時要切中紅心地問。

例如在採訪廚師時，就要像投出正中直球一樣問：「您做菜好吃的原因是什麼？」

為什麼要這樣提問呢？因為「想知道」的好奇心最重要。而且這種正中直球的提問，暗藏著將談話內容擴展到各種面向的可能性。

這種問題有可能會與廚師過去的經歷產生連結，也可能會談到做菜的素材，或者擴展到對方理想的餐廳。正因為有可能延伸到意想不到的有趣話題上，所以才要像投出正中直球那樣提問。

面對不好說話的人

我聽過這麼一件事。

「我得向公司的主管報告，但因為他看起來很忙，所以失去了和他搭話的時機。正當我在觀察機會時，主管反過來問我：『那件事處理得怎樣了？』向他報告後，他生氣地說：『為什麼這麼晚才報告！』可是我之前想提早向他報告，主動搭話時他很生氣地回我：『我現在很忙！』……我到底該怎麼做才好？」

我也有過這樣的經驗。

本想看準時機向主管報告，結果一不注意主管就外出了，沒再回來。不得已，只好寫電子郵件報告，結果主管很生氣地說：「這麼慢才報告！」

這種情況確實教人不知該如何是好。

如果對方是容易說話的人，或許就不會有這種情形；但要是對方不好說話，可就沒這麼順利了。

容易情緒化的人，便不容易說話。因一點小事就會觸動開關，情緒爆發。

那麼，如果有事非得向容易情緒化的人傳達時，該怎麼做才好呢？

關鍵在於，為什麼對方會情緒化？

生氣的理由不外乎以下四種：

- **事情發展不如自己所想。**
- **跟對方說了很多遍，還是不懂。**
- **對方態度惡劣，不會替人著想。**
- **單純心情不好。**

例如向主管報告那個例子。以主管的立場來看，之所以會說「這麼慢才報告」，是因為「事情發展不如自己所想」「明明說過很多遍，還是不懂」，這是他生氣的原因。而另一方面，在忙碌時跟他搭話，他會生氣，是因為部屬「不會替人著想」。

因此，首先要避免的，是我方也同樣情緒化地回應對方，或是沒擺出戰戰兢兢的態度。這是為了避免激化對方的情緒。

在此推薦各位採取**「研究者觀點」**。

不是與對方站在相同的位階，而是將對方當作研究對象看待。面對發火的人，讓自己成為研究人為什麼動不動就生氣的腦科學家。當然了，研究者觀點始終是在腦中想像，不能表現在態度上。

將腦中的想法改爲研究者觀點，把眼前發生的不愉快或是負面的事，轉換爲學習素材。

舉例來說，如果是專門處理客訴的部門，客訴是有助於事業成長和提升服務的重要材料。

盡可能將討厭的客訴當作有價值的事物看待。這樣思考，就能將負面轉為正面。

我稱之為「正面價值化」，要特別留意，才能派上用場。

或許會有「為什麼非得想這麼遠不可」的心聲，但這不是為了對方，而是為了自己。

結語
為什麼要請你用一百字表達香蕉的魅力？

我家冰箱裡常備有香蕉。

因為香蕉是我和愛犬之間的橋梁。

我的愛犬很愛吃香蕉，每天早上都會纏著我，就像在對我說：「給我香蕉！」我會從一根香蕉當中取一小部分給牠吃，剩下的自己吃。對我來說，這是一段內心祥和的時光。

這段文字差不多一百字，這是我認為香蕉的魅力之一（香蕉好吃的魅力，請見50頁）。

《請用100字表達香蕉的魅力》一書，承蒙您一路閱讀到這，萬分感謝！

為什麼要談香蕉的魅力？關於本書的書名，請容我在此解說。

為什麼是「香蕉」？

為什麼是「一百字」？

為什麼「請表達」？

或許有人會感到疑惑，不過，這三個問題都有其原因。

・香蕉

我喜歡香蕉，「發現它的魅力」是我用它當書名的重要原因。但還有另一個原因，是我意識到表達構造中的「以對方為主」和「親近感」，所以選擇香蕉。

對很多人來說，香蕉是既熟悉又有親近感的水果。環視生活周遭，會發現香蕉出奇活躍，常被用來當作角色或時尚品牌的名稱，還有香蕉船這樣的東西。這是容易讓人產生興趣的詞。

・一百字

一百字也運用了本書提到的表達技術：數字。如122頁所寫，重點在於使用表達對象容易想像的數字。

一百字是容易想像的數字嗎？如果是「請用三萬字表達香蕉的魅力」，會變怎樣？三萬字應該不容易想像吧。

而且，一百字的分量也比較容易留在記憶中。

「停頓」這項表達技術（119頁）中提到，人們能瞬間短暫記憶的容量，平均是七個具有含意的資訊組塊（或是平均四個）。

我所寫的香蕉魅力，是六個資訊組塊。

①我家冰箱常備有香蕉。
②因為香蕉是我和愛犬之間的橋梁。
③我的愛犬很愛吃香蕉。
④每天早上都會纏著我，就像在對我說：「給我香蕉！」
⑤我會從一根香蕉當中取一小部分給牠吃，剩下的自己吃。
⑥對我來說，這是一段內心祥和的時光。

以上的資訊量，容易留在記憶中。

附帶一提，如果是說話，一百字用大約二十秒的時間慢慢說，便能輕易傳達給對方。

・請表達

這是向對這本書感興趣的你提出的請求，請當作是「自己的事」來看待這句話。因為這是一本講表達方式的書，所以直接使用了「表達」一詞。

這就是書名的祕密。

公開祕密實在很難為情，不過，這是一本寫「表達法則」的書，所以最後請容我在此揭示。

回首這一路走來，我自己也因為表達吃了不少苦頭。

想表達的事，怎麼也無法清楚傳達，常因為不懂為何對方無法理解而苦惱。

表達究竟是怎樣的機制呢？我一再思考這個問題，並從中學習、實踐，最後將累積的經驗寫在這本書中。

在製作這本書時，我採訪了許多人，並請教他們與表達方式有關的煩惱和課題。

在此借用這個機會，致上我由衷的感謝。

正因為有許多人的煩惱，這本書才得以問世。

本書如果能對你的人生有所助益，將是我最大的欣慰。

請容我再說一次，謝謝各位的閱讀。（這是我一再表達的心意。）

最後，再次將我建議的本書使用方法寫在這裡：

・別只看一次，務必多看幾遍。
・在自己覺得重要的地方畫線，把想到的事寫在空白處。請務必將書中內容納爲己用。
・不是輸入腦中就結束，請套用在自己身上，積極活用、輸出。
・請以這本書爲契機，創造出自己的「表達技術」。
・請在本書書名頁後的橫線處寫下你想說的話，將本書送給你在乎的人。
（這是我的請求。）

www.booklife.com.tw reader@mail.eurasian.com.tw

生涯智庫 207

請用100字表達香蕉的魅力：

一學就會，精采有趣的表達

作　　者／柿內尚文
譯　　者／高詹燦
發 行 人／簡志忠
出 版 者／方智出版社股份有限公司
地　　址／臺北市南京東路四段50號6樓之1
電　　話／（02）2579-6600．2579-8800．2570-3939
傳　　真／（02）2579-0338．2577-3220．2570-3636
副 社 長／陳秋月
副總編輯／賴良珠
主　　編／黃淑雲
責任編輯／胡靜佳
校　　對／胡靜佳．黃淑雲
美術編輯／金益健
行銷企畫／王莉莉．陳禹伶
印務統籌／劉鳳剛．高榮祥
監　　印／高榮祥
排　　版／莊寶鈴
經 銷 商／叩應股份有限公司
郵撥帳號／ 18707239
法律顧問／圓神出版事業機構法律顧問　蕭雄淋律師
印　　刷／祥峰印刷廠
2022年10月　初版
2023年10月　3刷

定價 300 元　ISBN 978-986-175-700-1　

　Printed in Taiwan

別人來找你抱怨或商量時，
展現同理心，讓對方覺得你懂他，
這才是眞正的閒聊力。

——《最高閒聊法》

國家圖書館出版品預行編目資料

請用100字表達香蕉的魅力 / 柿內尚文著；高詹燦譯. -- 初版. -- 臺北市：
方智出版社股份有限公司, 2022.10
224面；14.8×20.8公分 --（生涯智庫；207）

ISBN 978-986-175-700-1（平裝）
1.CST：說話藝術 2.CST：溝通技巧 3.CST：人際傳播
192.32 111013063